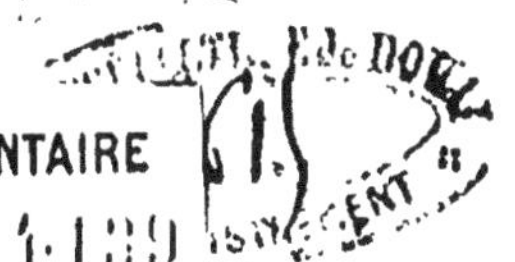

FACULTÉ DE DROIT DE DOUAI.

THÈSE

POUR

LE DOCTORAT

Soutenue le 11 Février 1873, à trois heures

PAR

FÉNELON ST-QUENTIN

Avocat à Valenciennes.

« Aucune partie de cet univers n'est prodiguée à qui ne la travaillerait pas : à l'un le dessus, à l'autre le dessous, à chacun pour le travail, à cause du travail, dans la mesure du travail. »

Thiers. *De la propriété.*

DOUAI

TYPOGRAPHIE DE MADAME CERET-CARPENTIER

1873

THÈSE

POUR

LE DOCTORAT

UNIVERSITÉ DE FRANCE.

ACADÉMIE DE DOUAI. FACULTÉ DE DROIT.

THÈSE POUR LE DOCTORAT

DROIT ROMAIN

DE LA PROPRIÉTÉ

ET DE

L'EXPLOITATION DES MINES A ROME.

DROIT FRANÇAIS

DES DROITS ET OBLIGATIONS

DES

CONCESSIONNAIRES DE MINES.

L'ACTE PUBLIC SUR LES MATIÈRES CI-APRÈS SERA SOUTENU LE MARDI 11 FÉVRIER 1873, A TROIS HEURES DU SOIR.

PAR

Fénelon-Augustin-François St-QUENTIN

Avocat à Valenciennes.

né à Raismes (Nord).

Le candidat répondra en outre aux questions qui lui seront faites sur les autres matières de l'enseignement.

PRÉSIDENT : M. TALON.

SUFFRAGANTS : MM. MABIRE, DE FOLLEVILLE, Professeurs. ALGLAVE, DE VAREILLES, Agrégé chargé de cours

DOUAI

TYPOGRAPHIE DE MADAME CERET-CARPENTIER.

1873.

MEIS

INTRODUCTION.

FONDEMENT RATIONNEL DU DROIT DE PROPRIÉTÉ EN GÉNÉRAL ET DE LA PROPRIÉTÉ DES MINES EN PARTICULIER.

Une question grave, souvent discutée, diversement résolue s'impose d'abord à nos méditations : La propriété a-t-elle un fondement rationnel ? Est-ce un droit naturel ? Est-ce au contraire, une création arbitraire des législateurs humains ?

Montesquieu et avec lui des publicistes non moins autorisés, Bentham, Benjamin Constant, professent le principe que la propriété existe de par la société, qu'elle est une convention sociale, une création des lois civiles, en sorte qu'avant les lois il n'y avait point de propriété et que les lois disparaissant, la propriété disparait avec elles.

L'homme, il est vrai, ne possède pas en naissant, mais il a des facultés puissantes et variées qu'il tient de l'auteur des choses et dont l'usage peut lui procurer tout ce qui lui manque. *Nudus in nudâ humo*, c'est à force de travail que l'homme pourvoit à ce qui lui manque : destiné à travailler, ce n'est qu'un travaillant, en travaillant rudement d'un soleil à l'autre qu'il finit par exister et par faire succéder à sa misère native le bien être acquis de la civilisation.

Mais quand il a employé ses facultés, le résultat de son travail qui embrasse tout ce que l'on appelle les biens de ce monde, doit lui profiter à lui, non à un autre, il doit devenir sa propriété, sa propriété exclusive. Cela est équitable, cela est nécessaire et la société est intéressée au plus haut point à le lui garantir, car sans cette garantie, point de travail, sans travail pas de civilisation, mais la misère, la barbarie et le pillage.

Il y a là un fait antérieur à toute société, à toute loi civile, découlant d'une source plus haute, de cette volonté supérieure, Dieu, fatalité, force ou hasard que nous dénommons différemment, mais devant laquelle tous s'inclinent. Non, la propriété n'est pas une création sociale : l'homme a reçu de l'auteur qui fait ou laisse faire, qui souffre ou qui veut toute chose, des facultés dont il veut se servir, qui sont sa propriété intime, sa première propriété en quelque sorte, avec laquelle il en crée une seconde non moins sacrée, que la société a le rôle de constater, de mettre à l'abri de toute atteinte, plaçant ainsi le droit qu'elle n'a point fait sous l'égide des lois et lui assurant la protection du pouvoir public.

Sans doute, objecte-t-on (1), le travail est chose sacrée et le droit qu'il donne au travailleur *sur le produit* est absolu, mais ne peut s'étendre sans autre forme de procès, jusqu'à la terre que l'homme ne crée pas, mais dont il est lui-même engendré.

De notre côté nous répondons que le travail de l'homme sur le sol dont il veut tirer la subsistance est une sorte de création. Quand un sol couvert de ronces,

(1) Proudhon. De la propriété.

de marais, de pierres, a été transformé en une terre propre à la culture, l'homme qui l'a épierré, desséché, débarrassé de toute végétation parasite, en a fait en quelque sorte un objet nouveau : en façonnant la matière brute qu'il trouve dans la nature, il en a fait un instrument de fécondité, il y a mis l'empreinte de sa personnalité, *il a fait la terre,* selon l'expression d'un de nos brillants écrivains (2), et il en est propriétaire au même titre que le sauvage est propriétaire du filet, de l'arc et des flèches qu'il a faits siens en tordant les brins d'un végétal, en arrachant et en taillant quelques branches d'arbre dans la forêt.

Mais d'autre part, si le travail est la base, le fondement du droit de propriété, il en est aussi la mesure et si après avoir défriché le champ où il ne poussait que des ronces, après l'avoir enclos, planté, arrosé, couvert de bâtisses, ou ce qui revient au même, après l'avoir acquis en donnant en échange d'autres objets provenus de mon travail, la société m'en assure la propriété, cette propriété s'arrêtera forcément où s'est arrêté mon travail. Ce travail ne s'étend pas au-delà du soc de ma charrue, au-delà des racines de mes arbres, au-delà de la sonde avec laquelle je vais chercher l'eau de mon puits, ma propriété ne s'étendra pas au-delà.

Cependant au-dessous de cette surface, théâtre de mes travaux de défrichement, de plantation, de construction et dont on m'a garanti la propriété se trouvent des profondeurs remplies de métaux et de minéraux pouvant devenir l'objet d'un nouveau travail et par suite l'objet d'une nouvelle propriété : à la surface travail et

(1) Michelet.

propriété du laboureur, et sous cette surface travail et propriété du mineur que la société consacre et réglemente dans l'intérêt général et pour la sûreté et la commodité de tous deux. « A côté de l'un, dit M. Thiers, » examinant cette situation, elle place l'autre et la terre » loin d'être un théâtre d'usurpation est ainsi le théâtre » d'un double labeur, l'un à sa surface, l'autre dans ses » plus profondes entrailles. De la sorte aucune partie de » cet univers n'est prodiguée à qui ne la travaillerait pas : » à l'un le dessus, à l'autre le dessous, à chacun pour le » travail, à cause du travail, dans la mesure du travail. »

De la propriété des mines. En droit comme en fait elle doit-être distincte de la propriété de la surface.

Le travail nous apparaissant comme le fondement légitime et sacré de toute propriété, si nous considérons en outre que celui qui le premier occupa une portion du sol ne put par la force des choses, occuper sous ce sol dans le tréfonds, une mine dont il ignorait l'existence, pas plus qu'il ne put en faire l'objet de ses transactions postérieures, nous arrivons à cette conclusion, que la possession des mines a été en fait et en droit naturel distincte de la propriété du sol, soit dans l'occupation primitive de ce sol, soit dans les transactions et transmissions qui l'ont suivie.

Si maintenant, descendant des hauteurs de l'abstraction, nous considérons la propriété des mines au point de vue de l'intérêt général, il nous sera encore facile de démontrer que les nécessités d'une bonne exploitation dans laquelle il se résume, exige la distinction, la séparation de ces deux propriétés.

En effet, attribuer la propriété de la mine à celui qui possède le dessus, c'est lui reconnaître aux termes mêmes de la loi le droit d'user et d'abuser, droit distinctif de tout moyen d'exploitation utile, productif.

La division de la propriété foncière qui a été l'un des heureux résultats de notre révolution est dans le plus grand nombre des cas favorable au développement de l'agriculture, tandis que cette division serait ruineuse pour l'industrie des mines, car s'il est un principe incontestable et qui forme la base de l'art du mineur c'est que pour exploiter un gite minéral, il faut un champ suffisant d'exploitation.

« Ce champ d'exploitation, écrit M. Etienne Dupont, » doit permettre d'établir par des puits ou galeries, » un triple système d'extraction, d'aérage et d'écoulement des eaux de manière à assurer une exploitation régulière.

» On comprend, d'après cela, ajoute le même » auteur, que le champ d'exploitation nécessaire à » chaque gite, doit varier avec la profondeur de ce » gite, sa puissance, son inclinaison ou son allure générale, sa richesse et avec la configuration extérieure » du sol : ainsi, par exemple, un champ d'exploitation » de deux cents hectares qui sera suffisant pour attaquer avantageusement une couche régulière située à » peu de profondeur au-dessous du sol ne sera plus » suffisant si la couche est irrégulière, si elle est située à » 100 ou 200 mètres de profondeur, de telle sorte qu'il » faille de grandes dépenses de puits avant de l'atteindre et il faudra dans ce cas un champ » d'exploitation de mille, deux mille hectares, ou » davantage suivant les cas. »

Ainsi donc, le droit naturel, les règles de l'art des mines comme l'intérêt général de la bonne exploitation d'une richesse aujourd'hui indispensable à la vie des nations nous amènent à poser ce principe indiscutable : la propriété de la mine ne doit, ni ne peut appartenir au propriétaire de la surface.

Telle était aussi l'opinion que Mirabeau développa la veille de sa mort dans cette forte et saine éloquence qu'il apporta jusqu'à son dernier souffle à la tribune de l'assemblée constituante :

« Si l'intérêt commun et la justice sont les deux » fondements de la société, s'écrie-t-il, l'intérêt com- » mun ni l'équité n'exigent pas que les mines soient » les accessoires de la surface. L'intérieur de la terre » n'est pas susceptible d'un partage ; les mines par » leur marche irrégulière le sont encore moins. Quant » à la surface, l'intérêt de la société est que les pro- » priétés seront divisées ; dans l'intérieur de la terre, » il faudrait au contraire les réunir. Ainsi, la législ- » lation qui admettrait deux sortes de propriétés comme » accessoires l'une de l'autre, et dont l'une serait inu- » tile par cela seul qu'elle aurait l'autre pour base et » pour mesure, serait absurde. Je dis que l'idée d'être » maître d'un torrent et d'une rivière qui répond sous » la terre à la surface de nos champs me paraît aussi » singulière que celle d'empêcher le passage d'un » ballon dans l'air, qui répond aussi à coup sûr, au sol » d'une propriété particulière. Je dis que la prétention » de regarder les mines comme un accessoire de la » surface et comme une véritable propriété, est cer- » tainement très-nouvelle, car je voudrais bien savoir » si quelque acheteur s'est jamais avisé de demander

» une diminution de prix, ou de faire casser une vente
» parce qu'il aura découvert qu'une mine aurait été
» fouillée sous le sol qu'il a acheté; il pourrait cepen-
» dant soutenir qu'il avait droit à tout et qu'en ache-
» tant le sol, il voulait pénétrer jusqu'au fond de la
» terre. Enfin, je dis qu'il n'est presque aucune mine
» qui réponde physiquement au sol de tel propriétaire.
» La direction oblique d'une mine de l'est à l'ouest,
» la fait toucher dans un très court espace à cent
» propriétés différentes. (1) »

L'organisation de syndicats de propriétaires qui aurait pour effet de laisser la propriété des mines suivre la propriété du dessus ne provoque pas davantage les sympathies du grand orateur qui démontre à l'évidence l'impossibilité pratique d'un pareil système :

« Dira-t-on, s'écrie-t-il, que les propriétaires forme-
» ront une société? Mais réuniront-ils à la fois leur sol
» et leur fortune? Leur sol, il faudrait souvent, pour
» explorer une mine de deux lieues de rayon, réunir
» deux mille propriétaires, et quelle sera la proportion
» de leur intérêt? Comment un si grand nombre d'as-
» sociés, agiront-ils de concert? Leur fortune; mais
» presque toujours elle serait insuffisante : il est des
» mines dont l'entreprise a coûté dix fois plus que la
» valeur totale du sol qui les recouvre. La réunion était
» possible sous l'ancien régime : qu'on cite un exemple
» où plusieurs propriétaires se soient réunis. N'ou-
» blions pas d'ailleurs qu'il y a plus d'entreprises

(1) Mirabeau. Séance du 21 mars 1791.

» de ce genre, où l'on s'est ruiné, que de celles où les » fonds sont rentrés : ce revers importe peu, lorsqu'il » frappe des capitalistes, leurs fonds n'ont fait que pas- » ser en d'autres mains, et la société a même gagné à » des tentatives infructueuses. Mais n'est-il pas con- » traire à l'intérêt public que les propriétaires du sol » s'appauvrissent? Dira-t-on que des compagnies de » mineurs achèteront toutes les surfaces des terres » qu'ils voudront exploiter et deviendront ainsi proprié- » taires? Je demande si la réunion d'un si grand nombre » de propriétés serait facile, et si elle serait utile dans » les principes de notre nouvelle constitution. D'ailleurs, » peut-on espérer qu'une compagnie qui a des avances » si considérables à faire avant de découvrir ce qui » peut-être n'existe pas, ajoutera à toutes les chances » qui sont contre elle, celle d'un achat d'immeubles, » qui serait peut-être une source de nouvelles pertes. »

On le voit donc, les syndicats de propriétaires étant la négation d'une adhésion libre et volontaire des parties contractantes, ne peuvent aboutir qu'à des associations anarchiques et impuissantes.

Après avoir exclu le propriétaire du sol de la propriété de la mine, après avoir successivement démontré l'impossibilité du système des syndicats de propriétaires nous nous trouvons maintenant en présence d'un système complètement différent, préconisé par Turgot et dont un rapide examen aura bientôt fait justice.

Imbu de la célèbre doctrine *du laissez-faire, laissez-passer,* Turgot part de cette idée qu'il est difficile de contester au propriétaire d'un champ le droit d'y fouiller. Mais, ajoute-t-il, lorsqu'un homme a fait un puits dans son terrain ou bien a ouvert une carrière sur la croupe d'un coteau, rien ne l'empêche de continuer la fouille et l'extraction des pierres en poussant des galeries en tous sens sous le terrain d'autrui; en un mot, l'idée de notre respectable publiciste est que les mines doivent être considérées comme des épaves appartenant à l'explorateur qui acquiert sur elles le droit de preoccupant.

C'est là, il faut le reconnaitre, malgré l'autorité de Turgot en cette matière, la consécration la plus complète du chaos et de l'anarchie dans l'exploitation des richesses minérales. Avec ce système, les explorateurs sérieux n'ayant pas l'assurance d'appliquer leurs travaux à un champ d'extraction suffisant se retireront pour faire place alors à des spéculateurs qui feront de l'exploitation des mines un système d'agiotage appliqué ou gaspillage. Aussi, faut-il le constater, le système de Turgot n'obtint l'assentiment ni des légistes, ni des hommes spéciaux occupés de l'art des mines : il fut considéré comme une utopie.

De cet examen des différents systèmes que les principes de l'art et de la raison, nous font exclure d'une bonne législation, il résulte donc que la propriété des mines ne saurait être attribuée d'une manière absolue aux propriétaires individuels de la surface, ou à des syndicats de propriétaires limitrophes; que cette propriété ne pourrait non plus être reconnue aux inventeurs; que les mines doivent être concédées de manière à embrasser chacune un champ d'exploitation d'une étendue proportionnée à la nature du gîte et aux circonstances locales. Or, qui peut, mieux que l'Etat, arbitre naturel des intérêts généraux, distribuer ainsi les mines de la manière la plus appropriée à la bonne exploitation des gîtes, et par suite à l'intérêt général.

Cette solution a-t-elle été admise par tous les législateurs? Telle est la question qui domine l'examen que nous nous proposons de faire des différentes législations et spécialement de la législation romaine, et de la loi du 21 Avril 1810 devenue désormais le Code des mines en France.

DROIT ROMAIN

DE LA PROPRIÉTÉ ET DE L'EXPLOITATION DES MINES A ROME.

Préliminaires

APERÇU HISTORIQUE.

Les pays situés entre le Tibre et l'Euphrate ne contenaient point de métaux; toutefois les Assyriens, les Perses et autres peuplades de l'Asie en connaissaient un grand nombre, principalement l'or, l'argent, le cuivre, l'étain, le plomb et le fer. Ils les tiraient de l'Égypte et des Indes, mais surtout du Caucase et des montagnes qui étaient au nord-ouest de leur empire. Les rivières y roulaient beaucoup de paillettes d'or: pour les recueillir l'on mettait, principalement dans la Colchide, des toisons ou peaux de moutons, dans le courant: la laine arrêtait les paillettes, et au bout de quelque temps on retirait ces peaux qui se trouvaient ainsi chargées de ce précieux métal. C'est là l'origine de la célèbre fable des Argonautes et de la Toison d'Or. (1)

Les Perses étaient célèbres par l'art de travailler le fer et surtout l'acier. (2)

En Égypte, les Pharaons, tiraient de très-grandes richesses des mines d'or et d'argent placées aux confins de l'Égypte. Osymandias dans son tombeau est représenté offrant aux dieux l'immense revenu qu'elles lui rapportaient (3). Des données certaines nous manquent sur la question de savoir à qui était dévolue la propriété des mines: il y a cependant lieu de croire qu'à mesure qu'elles prirent de l'extension, les mines cessèrent d'être considérées comme l'accessoire de la superficie. Diodore de Sicile nous apprend en effet, que chez les Égyptiens, les rois s'approprièrent de bonne heure la propriété des mines d'or.

Les lacunes que nous constatons, dans les législations primitives en matière de mines, s'expliquent d'ailleurs par la fausseté des idées qui avaient cours à cette époque sur la richesse minérale, comme aussi par la grossièreté des procédés d'exploitation. A en juger par les auteurs, l'on croyait généralement que les matières minérales renaissaient dans l'endroit même où l'exploitation avait eu lieu. Cette richesse étant considérée comme inépuisable, des règles rela-

(1) Daubuisson. Mines de Freyberg.

(2) Heynier. Economie publique et rurale des Perses et Phéniciens.

(3) De Pastoret. Histoire de la législation des Égyptiens.

tives à sa conservation étaient considérées comme inutiles : d'un autre côté, les exploitations étaient faites à peu de profondeur par les esclaves ou les criminels, de là le cercle nécessairement fort borné des difficultés s'y rattachant et pouvant donner lieu à l'intervention du législateur.

Chez les Grecs, l'art des mines fut principalement cultivé par les Athéniens. A Athènes, les mines étaient la propriété de l'État qui n'en suivait l'exploitation ni pour son compte, ni à ses frais. Il ne les donnait pas non plus comme ses autres propriétés, à bail pour un temps déterminé, mais à bail à perpétuité moyennant un prix versé directement dans la caisse publique et une redevance annuelle du vingt-quatrième du produit (1). Le droit de l'État était si absolu que si l'acheteur d'une mine ne satisfaisait pas à ces obligations, la concession revenait au fisc qui la mettait à l'encan (2).

(1) Blavier. Jurisprudence générale des mines en Allemagne. T. 1, préface p. 5.

(2) Peyret Lallier. Législation des mines. T. 1, p. 6.

PREMIÈRE PARTIE.

DE LA PROPRIÉTÉ DES MINES AU POINT DE VUE DU DROIT PUBLIC A ROME.

CHAPITRE I.

Nature du droit de propriété des mines.

Dans son histoire naturelle, Pline rapporte que l'Italie ne le cède à aucun pays, sous le rapport minéral. *Italiæ parci, vetere interdicto patrum diximus; alioquin nulla fecundior metallorum quoque erat tellus.*

Malgré l'autorité de ce savant naturaliste, nous sommes obligés de reconnaître avec les géologues modernes, que les rives du Tibre ne sont point un pays de mines: c'est pourquoi, si au début de leur histoire, les Romains avaient des mines, elles devaient être peu considérables, par conséquent le silence que gardent les Douze Tables sur le droit de les exploiter n'a rien qui puisse nous surprendre.

Si plus tard, dans les lois de la République, il est question des mines, nous observons qu'il s'agit bien moins des substances métallifères que des substances telles que la craie, la pierre à bâtir, le marbre, la chaux, la terre à poterie, comprises sous le nom général de mines et dont la libre exploitation est sujette à bien moins d'inconvénients que celle des mines proprement dites.

Toutefois, ce mot mines avait dans les lois romaines, le sens étendu que lui donne notre législation actuelle et comprenait les trois espèces de substances minérales que nous distinguons sous les noms particuliers de mines proprement dites, minières et carrières.

Sous la République et jusque sous les premiers empereurs, les mines étaient entièrement de droit privé : le propriétaire foncier en avait le domaine libre, indépendant, absolu. Considérées comme fruits du sol (et ces fruits pour la plupart étaient censés renaître), elles formaient une dépendance de la propriété foncière, de sorte que le propriétaire du sol les possédait *optimo jure,* comme le fonds qui les recélait. (V. L. 7 § 15 *solutio matrimonio* L. XXIV. T. III.)

Dans l'intervalle de la seconde guerre punique au règne de Tibère, les Romains vainqueurs de presque tous les peuples alors connus commencèrent à attacher une grande importance aux mines, source de richesses chez plusieurs nations qu'ils avaient soumises. C'est ainsi que subissant l'influence de ces évènements, le droit absolu que le propriétaire de la surface avait primitivement sur les mines va se modifiant peu à peu, et que sous les empereurs, l'Etat s'attribue un droit dont nous avons à examiner la nature.

Le jurisconsulte Merlin examinant cette situation arrive à cette conclusion, que dans le dernier état des lois romaines, la propriété des particuliers sur les mines était constante :

« Le droit nominal d'un dixième sur leurs produits, » le droit de police sur leur exploitation, dit-il, telles » sont les seules restrictions que cette propriété ait

» essuyées de la part des empereurs; et il faut con-
» venir que rien n'était plus propre à concilier l'intérêt
» du gouvernement qui voulait que les mines ne de-
» meurassent pas inutiles, avec l'intérêt de la propriété
» privée qui voulait que chacun pût tirer de sa chose
» tout le profit dont elle était susceptible. »

Selon ce savant jurisconsulte, certaines lois du Code Théodosien et du Code Justinien réglementent, il est vrai, le pouvoir d'exploiter les mines, d'autres déterminent le droit dû au fisc sur les produits de ces mines, mais aucune de ces lois ne contrarie le droit du propriétaire au point de donner à un étranger la faculté de venir malgré lui, fouiller les mines qui existent dans son fonds et déduisant lui-même les conséquences de son principe il écrit au § IV des *Questions de droit :*

« Les lois romaines considéraient les mines comme
» des parties intégrantes des fonds qui les recélaient
» et par conséquent en déféraient le plein dominium
» aux propriétaires de ces fonds; mais les empereurs
» entravèrent d'abord par des vues de bien public,
» l'exercice de ce droit de propriété, et s'en attribuèrent
» ensuite les produits jusqu'à concurrence d'un
» dixième. »

Si l'idée de propriété emporte le droit d'user de la chose possédée ou de l'exploiter, on conviendra que ce droit essentiel et constitutif était mal respecté par la doctrine législative que cite Merlin.

D'un autre côté, examinant et critiquant cette théorie inadmissible malgré l'autorité de son auteur, et invoquant l'ensemble des lois composant le titre V du livre II du Code Justinien, ainsi que des textes du Code Théodosien, des jurisconsultes modernes arrivent à cette conclusion que le droit absolu du propriétaire de la surface a disparu pour faire place à un droit nouveau qu'ils appellent *droit régalien.*

Ce droit régalien sur les mines n'implique pas, selon eux, la propriété absolue de ces mines de la part de l'Etat, avec la liberté de les vendre au profit du fisc, ainsi que cela se pratiquait à Athènes. Ce droit, dont les formes ont souvent varié, a été défini par M. Migneron, inspecteur général des mines. (1)

M. Migneron résume le droit régalien dans la triple attribution qu'il confère au prince :

1° « De régler la destination de la propriété souter-» raine, en d'autres termes de pourvoir du privilége » de l'exploiter, les personnes qui pourront le mieux » la mettre en valeur.

2° » D'en surveiller l'exploitation dans ses rapports » avec l'ordre public, avec la conservation du sol et » avec la sûreté des ouvriers mineurs.

3° » De percevoir un certain tribut sur les produits » qu'en obtient l'exploitant. »

Et rapprochant cettte définition des lois 1, 3, 5, 6, du titre VI Code Justinien de *Metallariis et Metallis et procuratoribus metallorum* ces jurisconsultes arrivent à cette conclusion que sous les empereurs romains le droit régalien sur les matières minérales a pris naissance et a remplacé l'ancienne doctrine du droit absolu des propriétaires sur les produits des mines.

Examinons ces lois :

(1) Annales des Mines, 3me série, t. 2, p. 6 § 3.

TITULUS VI.

DE METALLARIIS ET METALLIS ET PROCURATORIBUS METALLORUM.

1 Impp Valentinianus et Valens A A ad Cresconium comitem metallorum.

« Perpensâ deliberatione duximus sanciendum ut quicumque metallorum exercitium velit affluere, is labore proprio et sibi et reipublicæ commoda comparet. Itaque si qui sponte conduxerint, eos landabilitas tua octonos scrupulos in ballucâ quæ græcè χρυσαμμος appellatur cogat exsolvere. Quicquid autem amplius colligere potuerint, fisco potissimum distrahant, a quo competentia ex largitionibus nostris pretia suscipiant. »

3 Impp. Gratianus, Valentinianus et Théodosius A A A Floro præfecto prætorio.

TITRE VI.

DES MÉTALLAIRES, DES MINES ET DES INTENDANTS DES MINES.

1 Les empereurs Valentinien et Valens à Crescon intendant des mines.

Après une mûre délibération, nous avons cru devoir ordonner que quiconque se livrera au travail des mines devra en retirant des profits légitimes de son industrie contribuer aux avantages de l'État. C'est pourquoi, que Votre Excellence contraigne ceux qui se livreront volontairement à ce genre d'industrie de remettre pour le compte du gouvernement, huit scrupules par once de la matière qu'ils tireront des mines. Nous les invitons en outre à vendre au fisc plutôt qu'à tout autre, ce qu'ils extrairont des mines de plus que la quantité mentionnée ci-dessus dont le prix convenable leur sera payé sur le trésor de nos largesses.

3 Les empereurs Gratien, Valentinien et Théodose à Florus préfet du prétoire.

3 Cuncti qui per privatorum loca saxorum venam laboriosis effosionibus persequuntur: decimas fisco, decimas etiam domino repræsentent; cætero modo, propriis suis desideriis suis vindicando.

—

3. Que ceux qui exploitent les mines situées dans les propriétés d'autrui soient tenus de donner au fisc un dixième de la matière qu'ils retiront des mines par leur industrie et un dixième au propriétaire du fonds dans lequel se trouve la mine. Quant aux huit autres dixièmes, ils appartiennent à ceux qui font l'exploitation.

—

5. Impp. Valentinianus, Theodosius et Arcadius A A A. Romulo comiti sacrarum largitionum.

Per annos singulos septem per hominem scrupuli largitionibus inferantur ab aurilegulis, non solum in Ponticâ diœcesi verumetiam in Asianâ.

—

5 Les empereurs Valentinien, Théodose et Arcadius à Romulus comte des largesses impériales.

Que ceux qui exploitent les mines tant dans le diocèse du Pont que dans celui de l'Asie, soient tenus de verser chaque année dans le trésor de nos largesses, sept scrupules par tête.

—

6. Iidem A A A. Paterno.

Quosdam opera humo esse saxa dicentes, id agere cognovimus, ut defossis in altum cuniculis, alienarum ædium fundamenta labefactent. Quâde-re, si quando hujus modi marmora sub ædificiis latere dicantur, perquirendi eadem copia denegetur.

6. Les mêmes empereurs à Paternus.

Ayant appris que des personnes sous le prétexte de carrières de marbre, se permettent de faire des fouilles, et de cette manière nuisent souvent aux fondements des maisons, nous ordonnons qu'il ne soit permis à personne de fouiller auprès des édifices, sous le prétexte de carrières de marbre qu'on présume y exister.

La loi première pose en principe, dit-on, le droit du fisc sur les produits des mines, fixé à huit scrupules par once, avec obligation pour l'exploitant de vendre de préférence au gouvernement le surplus des produits.

La loi troisième, règle au dixième le droit du gouvernement et la redevance du propriétaire et autorise les fouilles et exploitations, à la condition de payer cette double dîme.

La loi sixième enfin, consacre pour le gouvernement le droit de police sur les exploitations souterraines.

De l'ensemble de ces lois, ajoute-t-on, et contrairement à la solution proposée par Merlin, il apparait que les empereurs romains ne se sont pas contentés d'établir un impôt sur les mines, au profit du fisc, comme sur la propriété foncière : mais qu'ils ont réglé en outre la part du propriétaire sur les produits de la mine exploitée dans son fonds par un autre que lui. En opérant ainsi, les empereurs se reconnaissaient évidemment un droit supérieur à celui des propriétaires, le droit de régler leur part dans les produits des mines : ils pouvaient régler au tiers, au quart, au vingtième ou à tout autre chiffre cette part des propriétaires comme ils l'ont réglée au dixième et en consacrant une répartition des produits des mines entre les propriétaires du sol, les exploitants et l'Etat, ils ont abrogé l'ancienne doctrine du droit absolu des propriétaires sur les mines, ils ont inauguré le droit régalien. Et continuant à réfuter Merlin, on observe que le savant jurisconsulte en citant une ordonnance de Charles VI rendue en 1413 par laquelle tout mineur était autorisé à chercher les mines dans les terrains d'autrui sauf à payer le dixième au roi et à satisfaire le maître du trésor, apprécie en ces termes le texte de l'ordonnance.

« Cette dernière disposition, dit-il, absolument cal-
» quée sur les lois du Code que nous examinions à
» l'instant, présente absolument le même résultat : si
» elle donne à tout le monde indistinctement le droit
» de fouiller les mines d'autrui, à plus forte raison con-
» firme-t-elle au propriétaire foncier, le droit de fouiller
» les siennes. »

Merlin reconnaît donc que d'après les lois des derniers empereurs romains, le droit de fouiller et exploiter les mines dans les terrains d'autrui pouvait être donné par le chef de l'Etat à certaines conditions fiscales.

Cette solution adoptée par la plupart des jurisconsultes modernes qui ont examiné la question peut encore, d'après ses auteurs, s'appuyer sur l'autorité de Domat dont nous croyons devoir reproduire ici l'opinion, sauf à examiner ultérieurement, jusqu'à quel point elle vient à l'appui de la doctrine du droit régalien.

« La nécessité des métaux, écrit Domat, non-seule-
» ment pour les monnaies, pour l'usage des armes et
» pour celui de l'artillerie, mais pour une infinité d'au-
» tres besoins et commodités dont plusieurs regardent
» l'intérêt public, rend ces matières et celle des autres
» minéraux, si utiles et si nécessaires dans un état, qu'il
» est de l'ordre de la police que le souverain ait sur
» les mines de ces matières un droit indépendant de
» celui des propriétaires des lieux où elles se trouvent.
» Et d'ailleurs, on peut dire que leur droit, dans l'ori-

» gine, a été borné à l'usage de leurs héritages pour y
» semer, planter ou bâtir, ou pour d'autres semblables
» usages, et que leurs titres n'ont pas supposé un droit
» sur les mines qui étaient inconnues et dont la nature
» destine l'usage au public, par le besoin que peut
» avoir un état des métaux et autres matières singuliè-
» res qu'on tire des mines. Ainsi les lois ont réglé
» l'usage des mines, et laissant au propriétaire du fonds,
» ce qui a paru juste, elles y ont aussi réglé un droit
» pour le souverain. »

Et mentionnant ensuite les trois lois précitées du Code Justinien, Domat en conclut que tout explorateur qui ouvrait une mine dans le champ d'un tiers recevait de l'empereur la permission d'exploiter cette mine sous les propriétés voisines à la condition de payer un dixième aux propriétaires du sol et un dixième à l'État.

Cette loi, conclut-on, a donc consacré pour l'Etat le droit de permission ou de concession, à l'égard des mines avec le droit de participer aux produits de l'exploitation.

Quand au droit de police sur les mines existantes, comprenant celui de les interdire dans certains cas, il est formellement inscrit dans la loi 6 supra.

Le Code Justinien d'ailleurs, toujours d'après ceux qui admettent l'existence d'un droit régalien, n'est pas le seul où l'on trouve des lois relatives au droit des mines, et leur solution trouve aussi, selon eux, une éclatante confirmation dans le Code Théodosien antérieur à celui de Justinien.

On trouve au livre XIX du Code Théodosien, quinze lois relatives aux mines et aux carrières; les lois première et deuxième, accordent à tous le droit de fouiller et exploiter les carrières de marbre et ce droit est donné de la manière la plus large, si l'on veut bien se reporter au texte de la loi première, ainsi conçue :

Secandorum marmorum ex quibuscumque metallis volentibus tribuimus facultatem: ita ut qui cædere metallum atque ex eo facere quodcumque decreverint, etiam distrahendi habeant liberam potestatem.

Nous accordons le droit d'extraire le marbre de toutes carrières à tous ceux qui le veulent : de telle sorte que ceux-ci aient la libre faculté de l'extraire, de le tailler, et d'en faire toutes sortes d'ouvrages à leur gré.

Ne résulte-t-il pas encore de ces textes, continue-t-on que le droit régalien a été exercé de la manière la plus absolue par les empereurs romains en ce qui concerne les carrières de marbre.

« Mais objecte encore Merlin, cette disposition, par
» cela seul qu'elle était particulière aux mines de mar-
» bre, formait évidemment une exception à la règle
» générale, et elle prouve par conséquent que la règle
» générale était différente pour les autres mines. Aussi
» remarquons-nous qu'elle ne fut relativement aux mi-
» nes de marbre elles-mêmes, que le fruit de circons-
» tances et de besoins momentanés, et qu'elle fut ou
» révoquée, ou remise en vigueur, suivant que ces
» circonstances ou ces besoins cessaient ou renaissaient.

« Constantin et Théodose, auteurs des lois précitées,
» y consignèrent cette disposition pour parvenir avec
» d'autant plus de facilité à l'embellissement de Cons-
» tantinople devenue la capitale de l'empire d'Orient.
» Julien la renouvela pour embellir Antioche dont il
» voulait, disait-il, faire une ville de marbre; et le

» même Théodose, qui par les lois X et XI avait per-
» mis indéfiniment à tous les particuliers la fouille
» des marbres, leur retira cette permission par la
» loi XIII. »

Cette objection trouve une réfutation facile: car s'il est vrai, comme le dit Merlin, que ce droit d'exploiter sous le terrain d'autrui fut retiré par la loi XIII, il n'en est pas moins obligé de constater en fait, l'exercice absolu du droit régalien par les empereurs romains, et s'il veut voir dans ce fait, une exception relative aux mines de marbre et confirmant la prohibition en ce qui concerne les autres mines, on lui répond que s'il faut y voir une exception, ce sera une exception confirmant la solution proposée, car les carrières échappent par leur nature au droit régalien, et nous constatons ce fait particulier chez les Romains que subissant à un moment donné, la loi générale, les carrières elles-mêmes n'échappèrent point à ce droit.

Donc en rapprochant ces différentes déductions de la définition donnée du droit régalien, on peut conclure que le droit régalien sur les matières minérales a pris naissance sous les empereurs romains, et qu'il a remplacé l'ancienne doctrine du droit absolu des propriétaires sur les produits des mines.

Cette doctrine évidemment plus logique que celle proposée par Merlin ne laisse pas pourtant de paraitre obscure et ambigue malgré les efforts de ses auteurs pour arriver à une démonstration irréfutable.

Ce droit supérieur réservé à l'Etat et ne constituant pas un droit de propriété, pouvant annuler ou au moins amoindrir le droit du propriétaire de la surface et apparaissant dans le droit romain sans aucun acte législatif et par des motifs d'intérêt général nous parait bien dépourvu des caractères que les Romains exigeaient pour la consécration d'un droit. Aussi tout en reconnaissant au droit exercé par l'Etat les caractères que lui attribuent les partisans de la théorie du Droit régalien, nous croyons devoir lui chercher une autre origine.

Nous avons vu au début de cette étude que le fondement philosophique de la propriété est le travail appliqué aux matières et instruments que nous fournit la nature et que nous occupons. Les premiers Romains assignent à la propriété une autre base : pour eux, la propriété privée n'est qu'une émanation de la propriété publique et la conquête, origine du territoire, ayant été commune, le produit de cette conquête doit être commun.

Toutefois, dès le règne de Numa, on voit l'Etat se dessaisir en faveur des particuliers : ce dessaisissement fut complet et le territoire qui en fut l'objet, constitua l'*ager romanus*. Mais quand plus tard, les conquêtes continuant leur cours, l'Etat abandonna des portions de territoire aux vaincus, ou bien vendit et concéda des terres à des citoyens, il retint un droit supérieur, *le dominium*, c'est-à-dire sinon la pleine réalité, au moins le titre et certaines prérogatives.

L'ager romanus seul fut susceptible à l'origine du *dominium* privé : ce ne fut qu'après la guerre sociale que les Italiens en obtenant la concession du droit de cité firent assimiler la terre italique à *l'ager romanus*.

Les avantages que pouvait retirer l'Etat de la réserve du *dominium* se résument dans le droit de percevoir l'impôt (1), et dans le droit de confiscation.

Le droit de percevoir l'impôt foncier : car là où l'État s'est réservé le dominium, il constitue un prélèvement exercé par *le propriétaire* sur une jouissance dont il a bien voulu se dessaisir.

Le droit de confiscation : car en demeurant investi du *dominium*, une confiscation présentait un caractère de légalité et deux textes, la loi 15 § 1 *de rei vindicatione*, D. VI. I. et la L. II. *de evictione* XXI. 2. nous permettent de croire que ce droit ne resta pas à l'état de théorie morte.

Le même point de vue justifie l'opinion que peut-être l'expropriation pour cause d'utilité publique, n'impliquait pas nécessairement le paiement d'une indemnité.

Si maintenant nous rapportons ces principes à la matière qui nous occupe, quelle sera notre conclusion ?

Le droit du propriétaire de la surface est absolu à l'origine : c'est qu'à cette époque nous nous trouvons en présence de propriétaires de *l'ager romanus* ou plus tard de *l'ager italicus*, et si même avant que le sol italique fût assimilé à *l'ager romanus*, l'État n'exerce pas de droit sur les mines, c'est qu'elles sont peu nombreuses dans ces régions et que l'exercice d'un tel droit serait de peu de valeur pour les revenus de l'État.

Mais plus tard lorsque les conquêtes étendirent la puissance de Rome jusqu'aux extrémités du monde

(1) L'impôt, *tributum ou stipendium*, représentait une sorte de location pour la concession de la possession du sol.

connu, lorsque en dehors du sol italique, l'Etat se trouva en présence de mines riches et exploitées, alors il fit revivre, ou plus exactement, il mit en exercice un droit qui ne lui avait jamais été contesté (1), qui sert même à caractériser le sol provincial, puisque les particuliers à qui il se trouve approprié n'en peuvent avoir que la possession et la jouissance, droit incontestable dérivant d'une propriété antérieure et d'où l'Etat déduit légalement le droit de prélever une redevance comme celui de surveiller l'exploitation, de l'arrêter (2) dans l'intérêt général et d'accorder enfin à des tiers le droit d'extraire les richesses d'un sol qui ne leur appartient pas, appliquant ainsi partiellement le droit d'expropriation dont il a le plein exercice. (3)

Tel est ce droit qu'il a plu à des interprètes autorisés de qualifier du nom de régalien et dont le véritable nom romain nous paraît être *dominium*.

CHAPITRE II.

Caractères de l'exploitation des mines à Rome.

Longtemps à Rome, tant que le gouvernement ne chercha point en toutes choses à faire prédominer le

(1) V. Gaius comm. II, §§ 40 et 46.

Caton le censeur établit le premier un impôt sur les mines de fer et d'argent de la Tarraconaise. (Tite Live XXXIV, 21) c'est-à-dire sur un sol qui n'est ni l'ager romanus, ni le sol italique.

(2) Cod. Théod. De Metallis. Cod. Just. h. t.

(3) Il n'y avait pas expropriation dans le sens où nous pouvons l'entendre aujourd'hui, mais retrait de la concession de la possession.

droit social sur les droits individuels, en un mot sous la République, peut-être encore dans les premiers temps de l'Empire, les mines eurent un caractère purement privé et furent exploitées pour le compte des particuliers : il y a des mineurs, ils sont nombreux : il y a là une profession reconnue et partageant avec certaines autres le titre de profession classée. Les conséquenses résultant de ce caractère sont assez importantes pour y arrêter quelques instants notre attention :

Le droit inauguré par notre loi du 2-17 mars 1791, art. 7, *qu'il sera libre à toute personne de faire tel négoce ou d'exercer telle profession, art ou métier qu'elle trouvera bon,* est nouveau dans le monde économique. La liberté professionnelle paraît si naturelle que l'on serait tenté de croire qu'elle a toujours existé et cependant rien ne serait plus erroné qu'une pareille opinion : Rappelons-nous en effet, les corporations où, sous l'empire de notre ancienne législation l'accès à un grand nombre de professions était rendu si difficile. Mais enfin s'il était difficile de s'y faire admettre, aucun obstacle n'était opposé à la sortie : il y avait déjà là un progrès.

Tout autre en effet, était la législation romaine qui sans respect pour la liberté, les droits de l'individu, sacrifiait tout cela pour parquer les hommes dans leur État.

La réunion des artisans en corps de métiers, en collèges, est ancienne à Rome : *Paucis admodum in causis,* trouvons-nous dans Gaius, *concessa sunt hujus modi corpora : ut ecce vectigalium publicarum sociis permissum est corpus habere: vel aurifodinarum, vel argentifodinarum et salinarum* (1).

On attribue à Numa, dit M. Dezobry (2) cette institution fort remarquable. Le désir d'opérer entre les Latins et les Romains une fusion complète qui n'existait pas encore lorsque le vœu du peuple l'appela au trône, lui en donna l'idée. Il y avait dans Rome deux partis, deux peuples animés l'un contre l'autre et se témoignant une aversion qui souvent dégénérait en querelles. Numa fit disparaître les distinctions de Romains et de Sabins, en classant tous les artisans par corps de métiers, en les réunissant suivant le genre d'industrie de chacun dans des collèges de musiciens, d'orfèvres, de charpentiers, de teinturiers, de cordonniers, de tailleurs, de forgerons, de potiers de terre, de foulons, de pêcheurs, d'ouvriers en airain, etc., qui oublièrent leur origine pour ne plus songer qu'aux intérêts de leur communauté. En effet, chaque collége d'artisans forme une petite République qui a ses finances et nomme à la majorité des deux tiers des voix au moins, un agent ou syndic chargé d'administrer ses affaires et de veiller à tout ce qui peut intéresser la communauté (3).

Les différentes populations vivant sous les lois ro-

(1) L. 1, princ. *Quod cujusc* univers. D. III, IV.

(2) Dezobry, Rome au siècle d'Auguste, t. I, p. 241.

(3) *Quibus autem permissum est corpus habere collegii societatis sive cujusque alterius eorum nomine, proprium est, ad exemplum reipublicæ habere res communes, arcam communem, et actorem sive syndicum, per quem tanquam in republicâ quod communiter agi fierique oporteat, agatur fiat.* (L. I, § I, *Quod cujusc* univers, D. III, IV.

maines vers la fin de la République peuvent se classer de la manière suivante :

1° Les sénateurs de Rome.

2° Les *honorati* qui figuraient en tête de l'album des curies.

3° Les décurions ou membres des curies.

4° Les possessores c'est-à-dire ceux qui possédaient au-delà d'une étendue de biens déterminée.

5° *Les artisans et autres exerçant des professions classées.*

6° Les colons formant la partie la plus nombreuse de ceux qui cultivaient la terre.

7° Les esclaves proprement dits, *servi.*

Les sénateurs, les honorati, les décurions et les possessores composaient les classes élevées, l'aristocratie de la société romaine. Les possessores, il est vrai, pouvaient être plébéiens de naissance, cependant ils figuraient sur l'album de la curie et si nous en croyons l'intitulé de lettres rédigées par Cassiodore et adressées par les rois goths, ils figuraient avant les décurions : « *Honoratis possessoribus et curialibus civitatis.* » (1)

Quant aux trois dernières catégories plus nombreuses et plus pauvres, elles comprenaient les couches inférieures de la société : de l'examen des institutions économiques et sociales de l'empire romain, il ressort ce fait saillant que les corporations d'ouvriers, d'arti-

(1) Var II, 17 ; — III, 49 ; — IV, 8 ; — VIII, 29. Voyez toutefois Code Just. L. 3, de Vend. reb civ., où ils ne viennent qu'après les décurions.

sans, les professions classées qui formaient ces couches inférieures de la société étaient les pivots de l'administration romaine.

C'est ce qui apparaît dans une lettre que Symmaque écrivait à Valentinien et qui est ainsi conçue :

« Vous savez, dit-il, que sur ces corps pèse tout en-
» tier l'entretien de cette immense ville : l'un fournit la
» viande des bêtes à cornes, l'autre la chair des pour-
» ceaux ; ceux-ci emploient à la confection des objets
» destinés à un auguste service, leurs mains indus-
» trieuses ; d'autres s'occupent d'arrêter les incendies
» à leur naissance. Il serait superflu de les nommer
» tous, et de spécifier les taverniers, les boulangers
» publics, ceux qui voiturent le froment et l'huile, enfin
» les nombreuses classes qui à des titres divers
» fonctionnent pour la patrie, et qu'il serait fastidieux
» d'énumérer (1).

Un autre caractère saillant de ces institutions c'est l'affectation de la plupart des personnes dans leur condition, et l'impossibilité ou l'extrême difficulté où elles étaient d'en sortir. En 357 l'empereur Constance rendit une loi pour rappeler à Rome les sénateurs qui pour échapper aux honneurs ruineux dont ils étaient accablés, s'enfuyaient dans les provinces. Cependant étaient-ils affectés à leur condition au point qu'il leur fût interdit d'y renoncer? Rien ne nous autorise à le penser et nous croyons sous ce rapport que les sénateurs jouissaient d'une situation plus avantageuse que celle faite aux décurions.

Quant aux *honorati*, ils avaient simplement un titre

(2) Symm. Lib. X. Epist. 34.

honorifique et les *possessores*, s'ils ne pouvaient soustraire leurs biens aux charges qui pesaient sur eux, ils avaient du moins la faculté de sortir de cette classe en aliénant leurs fonds ou en les abandonnant.

Mais ce caractère saillant, d'être attaché irrévocablement à sa condition, se rencontre pleinement dans les quatre classes suivantes. Nous n'avons pas à parler ici des décurions affectés à la curie dont ils ne pouvaient sortir. Pour les esclaves, le mot seul indique qu'ils n'étaient pas libres d'abandonner leur état. Les colons, eux aussi, ne pouvaient sortir de leur condition. Nous avons à examiner la situation que les lois faisaient aux artisans, aux membres des professions classées.

Les codes Théodosien et Justinien qui consacrent un titre spécial aux *collegiati*, nous les montrent existant également dans les villes de province : leurs membres étaient à la disposition des curies, pour les services à rendre aux cités dont ils ne pouvaient pas abandonner le territoire.

« *De collegiatis non illa servanda sunt,* trouvons-» nous dans la *Novella Majoriani, I, ad calcem, ut col-» legiatis operas alternis vicibus, pro curialium dispo-» sitione præbentibus extra territoriam civitatis tuæ » habitare non liceat.* »

De même nous trouvons au Code Théodosien une disposition de laquelle il résulte qu'ils étaient affectés à leur condition, eux et leur postérité, sans pouvoir la quitter.

« *De retrahendis collegiis, vel collegiatis judices com-» petentes dabunt operam, ut ad proprias civitates eos » qui longius abierant, retrahi jubeant, cum omnibus*

» *quæ eorum erunt; ne desiderio rerum suarum loco*
» *originario non valeant adtineri. De quorum adgna-*
» *tione hæc forma servabitur, ut ubi non est æquale*
» *conjugium, matrem sequatur agnatio; ubi vero jus-*
» *tum erit, patri cedat ingenua successio.* » (1).

En cas d'infraction à cette prohibition, leur corporation, leur collegium pouvait toujours les revendiquer, et ils ne pouvaient se soustraire à ces poursuites par aucun laps de temps: *Curialem suum municipes vindicent, collegiatum proprium corpus adstringat.* (2)

Dans une constitution de l'empereur Honorius rapportée au Code Théodosien, nous voyons que pour échapper à la misère affreuse qui les poursuit dans ces villes qui ont perdu leur éclat primitif, les classes infimes mêmes s'enfuient vers les solitudes champêtres; mais la fuite ne peut leur être d'aucun secours, car partout où ils seront trouvés, l'autorité a l'ordre de les ramener *ad officia sua, sine ullius nisu exceptionis.* (3)

Aucune exception en effet, ne pouvait soustraire ces malheureux aux poursuites dont ils étaient l'objet; ni le privilége de la milice, ni le service du prince, ni l'engagement dans les ordres religieux ou monastiques, ni même l'autorisation fondée sur un rescrit de l'empereur: *Ac si forte per sacram auctoritatem cognoscitur aliquis liberatus, cessante beneficio ad originem revertatur.* C. Théod. L. 2 de collegiatis.

(1) Cod, Théod., L. 1, *De collegiatis.*
(2) Cod. Théod. L. 16. *De Palatinis,*
(3) Cod. Théod. L, 1. *De his qui cond. prop:*

Tel était le caractère principal des collegia ou professions classées dans lesquelles rentraient *les metallarii* ou mineurs qui exploitaient les mines pour le compte des particuliers ou pour le compte de l'Etat. Etablis à perpétuelle demeure sur le lieu de l'exploitation, ils ne pouvaient quitter les mines des lieux où ils étaient nés :

Metallarii qui, eâ regione desertâ, ex quâ videntur oriundi, ad externam migrarunt indubitanter ad propriæ originis stirpem laremque revocentur. (1).

Outre les mineurs qui étaient attachés aux mines à raison de leur origine et sans aucun méfait de leur part, il y en avait d'autres, qui subissaient cette affectation à titre de peine et par suite de condamnations. (2)

Dans le fragment 8 de Pœnis § 4 et suivants, Ulpien nous trace les caractères saillants de cette peine dont le principal effet est de priver de la liberté. Elle comprend d'ailleurs deux degrés, la condamnation *in metallum*, et la condamnation *in opus metalli* qui diffèrent entre elles par la nature du *vinculum* et par les peines qui atteignent ceux qui ont voulu recouvrer leur liberté par la fuite. Le condamné *in metallum* est chargé de chaines plus lourdes : celles du condamné *in opus metalli*, sont plus légères, et si un fugitif était condamné *in opus metalli*, après avoir été repris, il était condamné *in metallum* : s'il subissait cette dernière peine, il était condamné à en subir une plus dure :

« *Inter eos autem qui in metallum, et eos qui in*

(1) Cod, Théod. L. ult. et Cod. h. t.

(2) Cod. Théod. L. 2. *De Pœnis.* — L. 2, *de Lenonibus.* L ult. ad leg. Jub de vi ; — L. 6. *de decurionibus.*

» *opus metalli damnantur, differentia in vinculo tan-*
» *tum est, quod qui in metallum damnantur gravio-*
» *ribus vinculis premuntur : qui in opus metalli,*
» *levioribus : quodque refugæ ex opere metalli in me-*
» *tallum dantur : ex metallo gravius exercentur.* »

Malgré sa rigueur, la peine des mines était chez les Romains une des plus douces : elle était, comme le rapporte Paul dans ses sentences (livre V, titre 17), une des peines *mediocrium delictorum* :

» *Summa supplicia sunt : crux, crematio, decollatio*
» *Mediocrium autem delictorum pœnæ sunt, metallum*
» *ludus (gladiatorius) deportatio ; minimæ, relegatio,*
» *exsilium, opus publicum, vincula.* »

C'était aussi l'une des plus fréquemment appliquées à tel point que l'on peut conjecturer qu'une partie très notable des travaux souterrains, était faite par des condamnés. Si la province où la condamnation était prononcée n'avait pas de mines, le condamné était dirigé sur une autre province :

« *Metalla multa numero sint,* dit encore Ulpien, *et*
» *quædam quidem provinciæ habent,, quædam non*
» *habent : sed quæ non habent, in eas provincias mit-*
» *tunt, quæ metalla habent.* » (1)

La condamnation aux mines était prononcée à temps ou à perpétuité : si la peine était perpétuelle, la condamnation rendait *servus pœnæ* et en même temps qu'elle faisait perdre la liberté, elle privait du droit de cité, c'était en un mot la *maxima capitis deminutio.*

En général un esclave emprunte la capacité de son

(1) L. 8 § 4 *De pœnis.* D. L. X. L. VIII. tit. XIX.

maître pour acquérir : ainsi, il peut stipuler *ex personâ domini*, il peut être institué héritier par un homme avec qui son maître a factio testamenti On comprend que l'esclave étant incapable par lui-même, si de plus, il n'a pas un maître dont il puisse emprunter la capacité, la stipulation qu'il voudrait faire ou la disposition testamentaire qui lui serait adressée, doit être frappée de nullité. C'est ce qui se produisait pour le condamné *in metallum* ou *in opus metalli :* il était *servus sine domino* à moins qu'on ne préférât dire qu'il était *servus pœnæ*, et dans ce cas ne pouvant emprunter aucune capacité, tout acte dans lequel il intervenait se trouvait nul, il ne pouvait espérer aucun affranchissement.

C'est ce que décident plusieurs textes, entre autre la loi 36 D. *De stipul. serv.* 45. 3 où Javolenus s'exprime en ces termes :

« *Quod servus stipulatus est quem dominus pro derelicto habebat nullius est momenti.* »

C'est également, d'une façon plus précise encore, la solution de Marcien, L. 17 pr. D. de pœnis 48. 19 :

« *Sunt quidem servi pœnæ ut sunt in metallum dati* » *et in opus metalli : et si quid in testamento datum* » *fuerit pro non scriptum est, quasi non Cæsaris servo* » *datum, sed pœnæ.* »

Observons toutefois que les conséquences rigoureuses de la condamnation aux mines, reçut un adoucissement de Justinien qui par la Novelle XXII, chap. 8, conserve la liberté à l'individu condamné *in metallum* et la principale conséquence qu'il veut en tirer c'est de laisser subsister son mariage.

Les femmes comme les hommes pouvaient être condamnées aux mines ainsi qu'aux salines. Quant aux condamnés, ils étaient marqués d'un signe particulier comme l'étaient chez nous les condamnés aux travaux forcés avant la loi du 28 Avril 1832. Cette marque se mettait sur les mains et les jambes du condamné et non sur la face, de peur, dit Constantin, que la figure faite à la ressemblance de la beauté céleste, n'en soit souillée.

CHAPITRE III.

Des mines appartenant au prince.

Ce qui distingue les mines, pendant la période impériale, c'est que la plupart passent au moins les plus importantes, dans le domaine du prince. Dans cette catégorie se trouvèrent notamment toutes les mines d'or, (1) tandis que les mines d'argent d'Espagne, dont les revenus dès les premiers siècles de J.-C., commençaient à décroître furent laissées aux particuliers.

Nous trouvons encore des mines impériales dans les provinces de César et exploitées pour son compte comme les mines d'or de Dalmatie (2), de Bretagne (3), les mines de fer d'Ilyrie (4), de Norique très-renommées, de Pannonie, de Moesi, de la Gaule (dans la Lyonnaise et la Narbonaise); comme les carrières de Porphyre entre Myoskormos et Coptos en Egypte,

(1) Strabo III. p. 148, IV, p. 208. — *Tacite* Ann. VI. 19.
(2) Pline. Hist. nat. 33, 4, 67.
(3) Tacite. Agric., 12.
(4) Claudien. *De bello getico.* 535, 539.

celles du Mont-Claudien, etc.; comme les gites d'émeraudes de Bérénice et les carrières de marbre vert à l'est de Coptos. (1)

Dans les provinces du peuple, il existait aussi des metalla impériaux très-considérables : telles étaient les mines de cuivre en Chypre. D'après l'historien Josèphe, Auguste les avaient affermées au roi Hérode de Judée, moyennant une redevance égale à la moitié du produit. On trouvait encore des carrières de marbre en Eubée, des carrières de pierres à aiguiser ou *coloriæ* en Crète. (2)

Le plus souvent, l'exploitation de ces mines, principalement de celles dont l'ouverture datait du temps de la République était affermée à des publicains (3). Les censeurs en consentant la ferme, se contentaient habituellement de fixer la redevance annuelle du fermier, quelquefois pourtant les excès auxquels se portaient les publicains obligeaient l'autorité à régler proportionnellement au prix de fermage, quel nombre d'ouvriers il leur serait permis d'employer et quelles punitions ils pourraient leur infliger. (4)

Le recouvrement de la taxe avait lieu avec l'autorisation impériale par les procuratores impériaux, nommés par les décurions qui devaient en être responsables selon la règle ordinaire de la législation romaine : et comme il arrivait parfois que l'on cherchait à se soustraire à cet emploi, il avait été expressément défendu

(1) Letronne. *Op.* cit. 325, 424.
(2) L. 15, D. XXXIX, 4.
(3) Pline. Hist. nat. XXXIII, 7, XXXIV, 17.
(4) Tacite, Annales, 11, 20.

d'aspirer à d'autres dignités avant de l'avoir rempli avec exactitude.

Des inscriptions, dont l'une recueillie au mont Claudien (1), d'autres citées par Letronne indiquent qu'auprès de la plupart des mines stationnait un corps de troupes, exigé par l'emploi dominant des criminels condamnés aux travaux des mines. Quelquefois même l'officier qui commande les troupes est en même temps fermier ou surveillant des travaux.

C'est ainsi, du moins, que Letronne entend cette inscription du mont Claupien : « *Aninus Rufus (cen-* » *turio), leg XV Apollinaris præpositus ab optimo* » *Trajano operi marmorum monti Claudiano* (2). »

Une inscription relative aux carrières de granit de Syène, du temps de Sévère et de Caracalla s'exprime encore plus clairement : « *Sub Aliano Aquila, præ-* » *fecto Ægypti. curam agente operum dominicorum* » *Aurelio Heraclide decurione alæ Maurorum.* »

Les militaires eux-mêmes paraissent avoir été occupés au travail des mines. Tacite nous apprend (3) que sous le règne de Claude, on vit un général romain y employer des soldats, et dans les inscriptions de Letronne (4) est mentionné n° CDXIX un Στρατιωτης της σπειρης μιγρου επι τω εργω Ιουεντιου αγαθοποδος. Ce Juventius était d'après l'inscription n° CDXVI un affranchi de l'empereur Tibère et un procurator de la mine. On trouve au n° CDXXXII un Σκληγρουργος απο Σουλπικιου σημαιας,

(1) Corpus inscr. græc. n° 4713

(2) Letronne. Rec. I. 446.

(3) Tacite Ann. XI-20.

(4) Letronne Inscript II. p. 222 et ss.

un tailleur de pierres de la cohorte de Sulpicius, donc un soldat.

CHAPITRE IV.

Des possesseurs de mines privées.

Nous avons vu précédemment qu'un des moyens pour l'État de retirer un revenu des mines dont il avait la propriété était de les affermer à des publicains : parfois aussi ces mines furent aliénées au profit de particuliers comme cela eut lieu d'après Strabon pour des mines de cuivre en Espagne. Il y avait en outre des mines d'or appartenant à des peuples sujets, comme celles d'Aquilée aux Taurini ; il y avait encore et surtout les mines d'argent en Espagne que de riches particuliers exploitaient pour leur compte, comme celles de l'opulent Crassus dont parle Plutarque et les mines de plomb et de cuivre que des particuliers avaient conservées en Macédoine.

Les possessores de ces mines, et nous avons vu qu'ils n'étaient que possessores, l'État ayant conservé le dominium, payaient un impôt assez élevé dont le taux n'est pas connu pendant la République, mais dont le produit paraît avoir été supérieur à celui des mines affermées à des publicains.

Sous l'empire, cette redevance perçue par des curiales, varia de base et de quotité tantôt c'est *octonos scrupulos in balluca*, comme nous l'avons vu dans la loi L. 1 du Code Just. XI, 6, tantôt elle a pour base le nombre d'hommes employés à l'exploitation. Nous trouvons également au Code Théodosien un impôt fixé à un dixième du produit envers l'État et un dixième envers le propriétaire du sol si l'exploitation avait lieu dans une propriété privée.

Les mines d'or étant les plus fructueuses, nous avons vu que l'État et le fisc en avaient laissé un petit nombre aux particuliers. Des textes du Digeste nous apprennent pourtant qu'il en restait quelques unes (1), mais grevées de lourdes charges : Le chercheur d'or *(aurilegulus)* était tenu :

1° De payer chaque année au fisc une quantité d'or brut ou non purifié fixée par homme à sept (2) ou huit (3) scrupules selon les provinces : cette redevance s'appelait *canon metallicus*. La proportion ou le rapport légal ordinaire de l'or brut à l'or purifié était, sauf usage local contraire, de 14 à 12 (4), c'est-à-dire qu'il était alloué $\frac{2}{14}$ pour déchet, en d'autres termes, la livre d'or brut était composée de 14 onces et celle d'or purifié n'était que de 12 onces.

2° Ils devaient en outre livrer au fisc moyennant un prix réglé, tout l'or trouvé, l'état se réservant un droit de préemption et un monopole sur l'or ainsi découvert. (5).

Il y avait là évidemment une source de revenus importante et que l'État devait encourager : aussi voyons-

(1) D. L. 13, § 5. *De usufr.* L. 7, § 14. *Solut matr.*
(2) C. Th. L. 12 et C. Just. L. 5 *de Metall.*
(3) C. Th. L. 3 et C. Just. L. 1. h. t.
(4) C. Th. L. 4 et C. Just. L. 2. *de Metall.*
(5) L. 3 et 1 C. h. et J. h. t

nous Valentinien (1) inviter les particuliers à exploiter l'or, et d'un autre côté, nous trouvons sous les premiers empereurs une loi qui interdit dans les constructions l'emploi des vieux matériaux.

Un sénatusconsulte de Claude, daté du consulat de *Cn. Hosiduis Gela et L. Vigellius* proscrit la vente des matériaux de ce genre, sous peine de nullité et d'une amende double du prix des objets vendus :

« *Duplam pecuniam quâ mercatus eam rem esset* » *in œrarium inferret, et ipsœ venditiones irritœ es-* » *sent.* » (2)

Cette ordonnance basée sur des intérêts fiscaux et aussi peut-être sur des motifs de bonne police, explique la formation, à Rome, du *Monte Testaccio*, amas énorme de décombres : la défense fut renouvelée sous Adrien, sous Alexandre Sévère, même sous Arcadius et Honorius ; elle fut enfin levée par Théodoric à une époque où les carrières étaient épuisées et où les ruines offraient pour les constructions des matériaux bons et solides.

Notons enfin, que les empereurs faisaient quelquefois remise de leur droit : Gratien accorda cette faveur aux sénateurs, en leur permettant d'exploiter les carrières de pierres de la Macédoine, sans payer ni redevances, ni droit de douanes. Rien n'indique qu'en dehors de cette redevance, le propriétaire ou l'usufruitier fût tenu de demander l'autorisation du gouvernement pour exploiter une mine située dans son fonds. Les textes des lois du Digeste qui s'y rapportent, ne mentionnent en aucune façon la nécessité de cette autorisation et cela

(1) C. Th. De Metal. 3. 4.
(2) Dureau de la Malle.

est conséquent avec la liberté laissée à toute personne, d'exercer librement la profession de chercheur d'or et avec le motif qui avait fait introduire cette liberté, c'est-à-dire, l'intérêt des inventeurs et celui de l'État. Quant à l'intérêt de la bonne exploitation, la croyance erronée d'alors, à la reproduction des métaux, rendait inutile l'intervention de l'État.

CHAPITRE V.

Des Salines.

En consacrant un chapitre aux salines, nous ne croyons pas sortir des limites de notre sujet; le sel en effet, ne se trouve pas seulement à l'état déliquescent, on le rencontre aussi à l'état fossile formant ce que l'on appelle le sel gemme, ou bien encore les mines de sel dont l'exploitation présente une grande analogie avec celle des autres mines.

Sous les rois de Rome, la vente du sel avait été permise aux particuliers, mais les accapareurs ayant exagéré le prix de cette denrée indispensable à l'alimentation et aux besoins de l'agriculture, l'Etat qui avait commencé par prélever un impôt en l'an de Rome 548, M. Livius surnommé *Salinator* et C. Claudius étant censeurs, se réserva peu à peu le monopole de la vente du sel et le conserva jusqu'au temps de Justinien comme cela résulte d'un texte du Code ainsi conçu: « *Si quis* » *sine persona mancipium id est, salinarum conduc-* » *torum sales emerit, vendereve tentaverit sive propria*

» *audacia, sive nostro munitus oraculo, sales qui una*
» *cum eorum pretio mancipibus addicantur.* »

De même qu'il y avait des mines appartenant à l'Etat, de même il y avait des salines dont il avait la propriété et qui étaient données à bail à des adjudicataires *(publicain mancipes)*; d'autres, qui paraissent avoir été assez nombreuses sous les empereurs, appartenaient à des particuliers (1) qui ne pouvaient en vendre le produit sans l'agrément du fisc ou des fermiers des salines publiques (2). Les mots *sine persona mancipum* paraissent indiquer que les adjudicataires avaient le monopole du sel et qu'ils pouvaient l'exercer soit par eux-mêmes, soit par des personnes placées sous leur surveillance.

Ces salines privées étaient dans le commerce et pouvaient être aliénées comme les mines, soit en propriété, soit en usufruit, par les propriétaires majeurs et maîtres de leurs droits.

Parmi les objets que la République et l'Empire fournissaient en nature à leurs magistrats ou à leurs officiers, tels que blé, vin, huile, viande, bois, habillement, chevaux, mulets, tentes, chariots, vaisselle, cuisiniers, etc., le sel paraît avoir été au premier rang, puisqu'il fit donner à ces traitements le nom de *salaire salarium* (3). (Dureau de la Malle.)

(1) D. L. 32, § 3. *De usu et usufr.* — L. 5, § 1 *De reb eor qui sub. tut.*

(2) C. L. 11, de Vectig.; L. 3, de Mectullar.

(3) Dureau de la Malle. Economie politique des Romains, II, 407, 461, 466.

Cet auteur parle en même temps d'une prestation assez singulière

Enfin nous signalerons comme dernier caractère commun aux salines et aux mines, la condamnation soit à temps, soit à perpétuité, au travail des salines publiques et qui frappait surtout les femmes coupables de certains crimes. (1)

à laquelle se croyaient obligés les empereurs envers les gouverneurs de provinces qui n'étaient point mariés : *præsides provinciarum acciperent si uxores non haberent singulas concubinas quod sine his esse non possent.*

(1) D. L. 8, § 8, *De pœnis.* L. 6, *De captivis.*

DEUXIÈME PARTIE.

DE LA PROPRIÉTÉ DES MINES AU POINT DE VUE DU DROIT PRIVÉ CHEZ LES ROMAINS.

Justinien reproduisant aux Institutes (1) la classification proposée par Ulpien, trouve que l'étude du droit comporte deux points de vue et comprend les règles relatives au *jus publicum*, et celles relatives au *jus privatum*. Nous nous sommes astreint à suivre cette division qui nous a paru la plus logique et après avoir étudié dans une première partie ce que nous appelons le droit public en matière de mines, c'est-à-dire les rapports de l'Etat avec cette propriété et avec ceux qui l'exploitaient, ils nous reste à examiner les règles appliquées aux particuliers dans leurs rapports avec cette même propriété, en un mot, nous devons examiner le *jus privatum* des mines.

CHAPITRE I.

Les mines sont des immeubles, elles sont susceptibles d'usufruit.— Théorie de l'usufruit en matière de mines.

La législation romaine en matière de mines, repose sur cette idée longtemps admise et dont la fausseté est aujourd'hui démontrée que les pierres, les métaux, croissaient à la manière des plantes et avaient la

(1) De justià et jure. Tit. 1, § .

faculté de se reproduire abondamment au même lieu et dans un court espace de temps, ce qui rendait inépuisable un même gîte de minéraux.

Démocrite accordait aux minéraux *une âme végétative;* Tournefort soutenait que leur croissance tenait à un suc lapidifique agissant, d'après lui, dans les pierres, à la manière de la synovie dans les os et l'on cite quelque part l'opinion d'Aristote, affirmant qu'à Philippes, en Macédoine, l'or se semait et se récoltait comme le blé et qu'à Chypre on en faisait autant du fer. Les jurisconsultes Ulpien et Javolenus, expriment cette croyance à la renaissance des pierres (1) et lorsque Virgile appelle l'île d'Elbe (Ilva) île féconde en veines inépuisable d'acier, *insula inexhaustis chalibum generosa metallis*, il parle sans métaphore (2). Pline s'occupant de ce phénomène, l'expose en ces termes:

« *Inter plurima Italiæ miracula, dit-il, ipsa mar-*
» *mora in lapidicinis crescere auctor est Papirius Fa-*
» *bianus, naturæ rerum peritissimus; exemptores*
» *quoque adfirmant compleri sponte illa montium*
» *ulcera : Quæ si vero sunt, spes est nunquam defutu-*
» *ram luxuriam.* »

« *Parmi les nombreuses merveilles que l'on trouve en*
» *Italie, en voici une que garantit Papirius, très-savant*
» *naturaliste : Le marbre se reforme dans les carrières:*
» *les ouvriers affirment aussi que les brèches qu'ils font*
» *se referment d'elles-mêmes. Si le fait est vrai, on peut*
» *espérer que le luxe n'aura point de terme.* »

(1) L. 7, §§ 13 et 14, *soluto matrimonio*. D. XXIV. 3.
L. 18, *De fundo dotali*, D. XXIII. 5.

(2) Virgile. Ænéide, XIV, 176.

Il est aujourd'hui démontré que le minéral ne vit pas. Un minéral est un corps dépourvu d'organisation, placé à la surface ou dans les profondeurs de la terre, et composé de molécules unies entre elles par un mélange ou combinaison. Un fait toutefois, facilement expliqué de nos jours a pu faire naître cette croyance à une régénération spontanée des métaux : nous voulons parler de la production des stalactites et des stalagmites d'albâtre résultant d'un dépôt calcaire, abandonné par des gouttelettes d'eau qui suintent du plafond des grottes où se produit le phénomène ainsi décrit par Buffon :

« Il ne faut pas bien des siècles, dit ce savant, ni » même un très grand nombre d'années, comme on » pourrait le croire pour former les albâtres : on voit » croître les stalactites en assez peu de temps : on les » voit se grouper, se joindre et s'étendre pour ne former que des masses communes, en sorte qu'en » moins d'un siècle, elles augmentent peut-être du double de leur volume. L'albâtre est une matière qui se » produisant et croissant chaque jour pourrait, comme » le bois, se mettre pour ainsi dire en coupes réglées » à deux ou trois siècles de distance ; car en supposant, qu'on fît aujourd'hui l'extraction de tout l'albâtre contenu dans quelques-unes des cavités qui en » sont remplies, il est certain que ces mêmes cavités » se rempliraient de nouveau d'une manière toute » semblable par les mêmes moyens de l'infiltration et » du dépôt des eaux gouttières qui passent à travers » les couches supérieures de la terre et les joints des » bancs calcaires »....« Les marbres de seconde formation, dit-il un peu plus loin, peuvent comme les

» albâtres se régénérer dans les endroits d'où on les a
» tirés, parce qu'ils sont formés de même par la stilla-
» tion des eaux. Baglivi rapporte un grand nombre
» d'exemples qui prouvent évidemment que le marbre
» se reproduit de nouveau dans les mêmes carrières. »

Ce phénomène résultant de circonstances particulières avait été généralisé par les anciens qui en avaient fait la loi générale des minéraux. De là le caractère de fruits que tous les jurisconsultes s'accordent à attribuer aux matières renfermées dans les mines et carrières.

Tant que ces biens sont renfermés dans la terre, tant qu'ils n'ont pas été extraits, ils forment une *pars fundi* et à ce titre ils sont des biens immobiliers susceptibles de propriété privée et sur lesquels peuvent s'établir les droits reconnus sur les autres biens.

Rappelons à ce sujet l'importance de ce caractère, car l'ancien droit romain, comme le droit du temps de Justinien applique des règles différentes selon qu'il s'agit de meubles ou d'immeubles, en matière d'usucapion, de furtum, de biens dotaux, d'interdicta, etc.

Si ces mines ou carrières appartiennent à un pupille, elles ne pourront faire l'objet d'une aliénation, sans l'emploi de certaines formalités exigées dans ce cas, pour les aliénations immobilières : mais le tuteur fera suivant les cas un acte de sage administration, en mettant les mines ou carrières en état d'exploitation, et il pourra à cet effet, employer l'argent même du *pupille*. (L. 3 *in fine*, 4 et 5 *de rebus eorum qui*.)

Nous avons vu au chapitre précédent que l'état avait conservé le dominium sur les mines comme sur tous les fonds provinciaux qui ne jouissaient point du *jus italicum* mais nous avons vu aussi que ce *dominium* avait surtout pour effet de servir de base à l'impôt et que si les fonds provinciaux n'étaient point susceptibles de *dominium*, ils pouvaient néanmoins entrer dans le patrimoine des particuliers, être l'objet d'un droit présentant beaucoup d'analogie avec le droit de propriété.

Les textes précités prouvent surabondamment que les *metalla* peuvent entrer dans le patrimoine des particuliers : « *Si capidiximus, dit Ulpien, vel quæ alia » metalla pupillus habuit stypteriæ, vel cujus alteruis » materiæ, vel si cretifodinas, argentifodinas vel quid » aliud huic simile (1) quod tamen privatur lecupossi- » dere (2). Magis puta ex sententia orationis impertiri » alienationem. Sed et si salinas habent pupillus, idem » erit dicendum.* »

De même que les mines peuvent être l'objet de l'équivalent d'un droit de propriété, de même elles peuvent être l'objet de l'équivalent d'un droit d'usufruit. C'est ce qu'exprime formellement Ulpien dans deux textes qui nous montrent en même temps que les règles de l'usufruit en général sont applicables aux mines.

En effet Ulpien nous dit, dans la loi 9 § 1. D. *De usuf et quemum* VIII, 1. « *Sed si Capidicinas habeat, et » Capudem cœdere velit, vel cretifordinas habeat, vel » arenas, omnibus his usurum sabinus rit, quasi bs- » num patrem familias, quam sententiam justa ve-*

(1) Ulpien. L. 3, § 6, *de reb eorum qui*, D. XXVII, 9.
(2) Paul. L. 4, h. t.
(3) Ulpien. L. 5, h. t.

» *ram.* » C'est-à-dire que le produit des metalla, mines ou carrières, est un fruit dont il est permis à l'usufruitier de profiter selon les règles ordinaires. La loi 77 D et la loi 16 de verb. signif. ne laissent du reste aucun doute sur ce point :

« *Frugem pro reditu appellari, non solum quod ex* » *frumentis, aut leguminibus, verum quod ex vino,* » *sylvis cœduis, cretifodinis, lapidicinis, capitur.* »

Ulpien adoptant l'erreur générale du repeuplement spontané des mines et carrières, les considère absolument comme des fruits et leur applique toutes les règles applicables aux fruits : c'est ainsi que l'usufruitier devra non-seulement profiter des mines ouvertes antérieurement dans le terrain dont il a l'usufruit, mais encore si ces mines sont ouvertes postérieurement à la constitution de son droit d'usufruit, il en aura également la jouissance. « *Sed si hœc metalla* » *post usumfructum legatum sint inventa, cum totius* » *agri relinquatur ususfructus, non partium, con-* » *tineantur legato.* (1) »

Une seconde conséquence à déduire du principe formulé par ce texte, c'est que si l'usufruitier a le droit de jouir des mines ouvertes depuis la constitution de l'usufruit, lui-même a le droit de les ouvrir, car personne ne peut opérer un changement quelconque dans sa jouissance sans son consentement. Cependant une difficulté était à prévoir et elle est prévue par Ulpien : recherchant quels sont les droits de l'usufruitier, ce jurisconsulte constate qu'il peut améliorer le bien dont il a l'usufruit mais qu'il doit

(1) Ulp. L. 9, § 3. *De usufr, quemadom.*

s'abstenir de tout ce qui peut contribuer à le dégrader : » *Fructuarius causam proprietatis deteriorem facere* » *non debet : meliorem facere potest. Et aut fundi est* » *ususfructus legatus, et non debet, neque arbores* » *frugiferas excidere, neque villam diruere, nec quic-* » *quam facere in perniciem proprietatis.* »

« *Inde est quæsitum,* ajoute Ulpien, *an lapidicinas,* » *vel cretifodinas, vel arenifodinas ipse instituere pos-* » *sit? Et ego puto etiam ipsum instituere posse, si non* » *agri partem necessariam huic rei occupaturus est.* » *Proinde venas quoque lapidicinarum, et hujusmodi* » *inquirere poterit : ergo et auri et argenti, et sulphuris* » *et æris, et ferri, et cæterorum fodinas, vel quas* » *paterfamilias instituit exercere poter t vel ipse ins-* » *tituere, si nihil agriculteræ nocebit. Et si forte in hoc* » *quod instituit, plus reditus sit quam in vineis, vel* » *arbustis, vel olivetis, quæ fuerunt, forsitan etiam* » *hæc dejicere poterit, si quidem ei permittitur melio-* » *rare proprietatem. Si tamen quæ instituit usu-* » *fructuarius, aut cælum corrumpant agri, aut mag-* » *num apparatum sint desideratura opificum forte,* » *vel legulorum quæ non potest sustinere proprieta-* » *rius non videbitur viri boni arbitrari frui. Sed nec* » *ædificium quidem positurum in fundo, nisi quod ad* » *fructum percipiendum necessarium sit.* »

En somme, Ulpien est amené à conclure que l'usufruitier peut changer son mode de jouissance s'il est avantageux, et s'il ne doit pas entraîner à des dépenses d'exploitation que le nu-propriétaire ne pourrait supporter à l'extinction de l'usufruit. A ces conditions, si nous rapprochons les paragraphes précités du paragrapho 7 même loi, nous pourrons constater que si l'usufruit porte sur des mines, l'usufruitier est traité plus favorablement qu'en tout autre matière, puisque dans le cas où l'exploitation doit être plus fructueuse que la culture de la surface, il peut supprimer cette dernière pour faire place aux travaux de la mine. Un pareil changement de jouissance est interdit à tout autre usufruitier, comme on peut s'en convaincre par la lecture du § 7 de notre loi.

CHAPITRE II.

Des mines au point de vue de la dot.

Les mines étant des immeubles, toutes les règles relatives à ces derniers, devront donc leur être appliquées et dans cette étude toute spéciale, nous n'avons à nous occuper que des difficultés se rattachant directement à notre matière. Après avoir interprété les textes relatifs aux mines en matière d'usufruit, il nous reste à examiner les difficultés non moins sérieuses qui peuvent se présenter en matière de dot.

Pour rappeler brièvement les principes en cette matière, nous observerons que le mari est *dominus dotis:* voilà le principe essentiel, cependant, malgré ce droit de propriété et comme conséquence d'une restriction apportée par la loi Julia, il ne peut disposer librement du fonds dotal.

Pour bien préciser la portée de ce principe ainsi limité, l'analysant en ses éléments les plus simples, nous y trouvons les trois propositions suivantes :

1° Les choses dotales appartiennent au mari.

2° La propriété du mari n'est nullement restreinte quant aux meubles dotaux.

3° Elle n'est point non plus restreinte quant aux immeubles apportés en dot avec estimation, attendu qu'en cas pareil, ce qui est dotal, c'est le montant de l'estimation et non l'immeuble estimé.

Quand à la restitution de cette dot, la situation est différente selon qu'il y a eu convention formelle, stipulation touchant cette restitution, ou que cette stipulation n'a pas eu lieu. Si la constitution de dot n'a été accompagnée d'aucun pacte touchant la restitution, il faut distinguer le cas où le mariage se dissout par le divorce ou par la mort du mari et le cas où le mariage se dissout par la mort de la femme.

Dans le cas de divorce ou de prédécès du mari, si la femme est sui juris, elle peut, au moyen de l'action *rei uxoriæ*, obtenir la restitution de la dot. Si elle est filiafamilias le père ne peut exercer l'action *rei uxoriæ*, ni obtenir restitution des valeurs dotales qu'avec le concours de la fille, qu'il a sous sa puissance, *adjunctâ filiæ personâ* (1)

Au contraire, dans le cas de prédécès de la femme, il est de principe que la dot reste au mari survivant, à moins qu'il ne s'agisse d'une dot profectice, c'est-à-dire constituée par le père ou par l'aïeul paternel de la femme, auquel cas cet ascendant pourra la réclamer au moyen de l'action *rei uxoriæ*.

Ces principes posés, examinons maintenant comment les jurisconsultes en font l'application en matière

(1) Fragm. d'Ulp. VI. § 6,

de mines. Le premier texte que nous rencontrons est la loi 18 pr. D. de fundo dotali XXIII. 5. Il y est question de carrières, je le reconnais, mais nous savons qu'en droit romain, les mines sont assimilées aux carrières.

Dans cette loi 18 précitée, le jurisconsulte Javolenus, s'exprime en ces termes :

Vir in fundo dotali lapidicinas marmoreas aperuerat. Divortio facto quæritur, marmor quod cæsum neque exportatum est, cujus esse, et impensam in lapidicinas factam mulier an vir præstare deberet. Labeo marmor viri esse ait : cæterum viro negat quidquam præstandum esse a muliere, quia nec necessaria ea impensa esset et fundus deterior esset factus. Ego non tantum necessarias, sed etiam utiles impensas præstandas a muliere existimo, nec puto fundum deteriorem esse, si tales sunt lapidicinæ in quibus lapis crescere possit.

Un mari avait ouvert des carrières de marbre dans le fonds dotal. Le divorce ayant eu lieu, on demande à qui appartient le marbre extrait mais non encore emporté, et si c'est la femme ou le mari qui doit supporter les dépenses faites en vue de ces carrières. Labéon dit que le marbre appartient au mari ; il ajoute que la femme n'a rien à rembourser au mari : attendu qu'il ne s'agit pas d'une dépense nécessaire et que le fonds a été dégradé. Quant à moi, je pense que la femme ne doit pas rembourser seulement les dépenses nécessaires, qu'elle doit rembourser aussi les dépenses utiles, et je ne considère pas le fonds comme dégradé s'il s'agit de carrières telles que la pierre s'y reproduise.

Lorsque dans le fonds que le mari reçoit *dotis causâ*, il y a une carrière déjà ouverte, le mari a certainement le droit de continuer l'exploitation, et il en gagnera les produits comme des fruits. Mais pourrait-il dans le fonds dotal, ouvrir lui-même une carrière? Qui pourra l'en empêcher, sauf bien entendu le droit de lui réclamer lors de la restitution, la réparation du dommage causé? L'usufruitier, il est vrai ne peut changer la destination de la chose dont il a l'usufruit, convertir un domaine d'agrément en domaine de produit (1), mais le mari a plus de droit qu'un usufruitier et si ce dernier ne peut ouvrir une carrière qu'à certaines conditions (2), le mari peut d'une manière absolue ouvrir des carrières dans le fonds dotal, sauf à être responsable, si en définitive par suite de ses travaux le fonds qu'il restitue vaut moins que le fonds qu'il a reçu.

Ces principes posés, nous pouvons les prendre comme point de départ de l'explication de notre texte dans lequel le jurisconsulte suppose les faits suivants:

Des carrières de marbre ont été ouvertes par le mari dans le fonds dotal; des blocs de marbre ont été extraits, mais il n'ont pas encore été emportés pour être vendus. Le divorce arrive, deux questions se présentent:

1° Les blocs de marbre qui sont encore sur le fonds dotal, près de la carrière d'où ils ont été tirés, appartiennent-ils au mari ou appartiennent-ils à la femme?

2° Les frais que le mari a faits pour commencer l'exploitation de cette carrière resteront-ils à sa charge ou pourra-t-il s'en faire tenir compte par la femme en lui restituant le fonds?

(1) Nous avons vu précédemment l'exception introduite lorsqu'il s'agit de mines.

(2) Ulp. L. 13. § 3 *de usufr. et quemadm.* (7. 1.)

La première question parait avoir été résolue sans difficulté. Selon Labéon les blocs de marbre appartiennent au mari et non à la femme, c'est-à-dire qu'étant gagnés par le mari, ce dernier n'est point tenu de les restituer à la femme. Supposons en effet que le bloc de marbre, au lieu de n'être pas encore *exportatum* ait été vendu et livré par le mari ; il est certain que le tiers acheteur devra se trouver à l'abri d'une réclamation de la part de la femme : car voulut-on y voir une chose dotale, comme elle est mobilière, le mari aurait parfaitement pu l'aliéner. Ainsi donc, rencontrant de nouveau le principe que nous avons précédemment posé nous constatons que les jurisconsultes romains ne considèrent point comme des portions de la chose dotale, les produits d'une carrière même ouverte par le mari. Ces produits ont à leurs yeux un tout autre caractère que les arbres non compris dans une *silva cædua*, comme par exemple, des oliviers plantés dans un fonds dont la destination n'est pas de fournir périodiquement des produits de ce genre et que le mari fait abattre.

Sur la deuxième question l'accord entre Javolenus et Labéon n'est plus aussi complet. Labéon ne reconnait jamais au mari le droit de se faire indemniser par la femme, des frais qu'a nécessités l'ouverture de la carrière. Javolenus au contraire combat cette solution comme trop absolue, en montrant que les motifs donnés à l'appui par Labéon, ne sont pas toujours applicables. Labéon en effet se fondait d'abord sur ce que le mari n'a point fait là une dépense nécessaire ; à cela Javolenus répond très-bien : » Sans doute, l'ouverture de la carrière n'est point une dépense nécessaire, mais ce peut-être une dépense utile : or le mari est autorisé à se faire tenir compte, même des dépenses simplement utiles (1).

Labéon ajoutait pour refuser au mari toute espèce de recours, que le mari en ouvrant la carrière, avait dégradé le fonds qu'ainsi il n'avait même pas fait une dépense utile. « Mais il est évident, dit M. Demangeat » examinant cette solution, qu'en ceci Labéon allait » trop loin ; s'il se peut que le mari ait détruit une » exploitation agricole convenable, pour ouvrir une » carrière qui se trouve déjà épuisée quand arrive le » divorce, il se peut aussi qu'au lieu d'un terrain » stérile qu'il avait reçu en dot, il restitue aujourd'hui » une carrière, qui, pendant longues années, donnera » de riches produits. Je ne peuse pas, dit Javolenus, » que le fonds soit dégradé, lorsqu'il s'agit de carrière » *in quibus lapis crescere possit,* dans lesquelles le » marbre peut se reproduire. »

Il est un texte qui a beaucoup embarrassé les commentateurs et qui doit être rapproché de la *loi 18 pr. de fundo dot*, c'est la *loi 7 § 13 sol. matr.* Ulpien y pose les deux mêmes questions que Javolenus examine dans notre loi 18 : il les pose dans des termes presque identiques et les résout de la même manière : il s'exprime en ces termes :

(1) Paul. L. 8. De imp. in res dot fact. C. Justinien, Lun. § 5, De rei ux act. (IV. 13).

Si vir in fundo mulieris dotali, lapidicinas marmoreas invenerit et fundum fructuosiorem fecerit, marmor quod cæsum neque exportatum est, mariti est, et impensa non est ei præstanda quia nec in fructu est marmor nisi tale sit ut lapis ibi renascatur, quales sunt in Galliâ sunt et in Asiâ.	Si le mari a trouvé des carrières de marbre dans le fonds dotal et qu'en les exploitant il ait obtenu un revenu plus considérable, le marbre extrait mais non encore emporté lui appartient : quant à la dépense elle ne doit pas lui être remboursée parce qu'il n'a pas créé une source de revenus, à moins qu'il ne s'agisse d'une de ces carrières où le marbre se reforme comme il y en a en Grèce et en Asie.

Toute la difficulté est dans ces mots *quia nec in fructu est marmor*. Nous avons en effet constaté jusqu'ici que les jurisconsultes ont toujours considéré le produit des mines comme des fruits, et d'ailleurs n'est-ce point la pensée d'Ulpien lui-même qui a commencé par dire que le mari en ouvrant la carrière, a rendu le fonds *fructuosior* et surtout quand il a décidé que les blocs extraits de la carrière et non encore transportés sont gagnés par le mari? Pour échapper à la difficulté, Pothier suppose (1) que le texte a été altéré et propose de lire : *mariti non est*, mais outre qu'il y aurait là une addition arbitraire ce serait mettre gratuitement, Ulpien en désacord avec Labéon et Javolenus qui dans la loi 18, nous l'avons vu, attribuent sans difficulté et d'une manière absolue les blocs de marbre au mari.

Cujus (2) propose également d'ajouter une négation,

(1) Paul. Justin, Tit. Soluto matrimonio n° 45.
(2) Observat. Lib XV. c. 21 ; — In tit. De usurp. ad. L. 4 § II.

mais il ajoute ailleurs et lit : *nec fundum fructuosiorem fecerit:* il semblerait alors avec cette rédaction, que si les blocs de marbre appartiennent au mari, c'est parce qu'il n'a pas rendu le fonds *fructuosior*. M. Demangeat examinant cette difficulté la résout différemment, sans modifier le texte. Selon cet auteur, voici quelle est la solution d'Ulpien : « Le mari a ouvert dans le fonds dotal des carrières de marbre ; le produit de ces carrières est supérieur au revenu que le fonds donnait auparavant. Dans tous les cas, les blocs de marbre dès qu'ils sont extraits de la carrière, appartiennent au mari et il n'aura point à en rendre compte dans l'action rei uxoriæ ; mais il ne peut se faire indemniser par la femme des frais de mine en exploitation, qu'autant qu'il a créé une source durable de revenus, la carrière n'étant pas déjà épuisée au moment où le fonds est restitué à la femme. Et cette décision conforme à celle de Javolenus, est parfaitement raisonnable. En effet, dans le cas où la carrière est déjà épuisée lors de la dissolution du mariage, d'une part, la femme ne doit aucune indemnité pour une dépense dont elle ne retire aucun profit et même c'est elle qui aurait droit à une indemnité si le fonds en définitive a été dégradé par l'ouverture et par l'exploitation de la carrière ; mais d'autre part, il est équitable que le mari gagne au moins les produits qu'il a retirés ainsi à ses dépens.

Dans le cas où l'exploitation pourra se prolonger après la dissolution du mariage de telle sorte que la femme qui recouvre son immeuble, le trouve plus productif qu'il n'était autrefois, le mari gagne les produits par lui perçus, comme en général il gagne les fruits, et de plus, il est juste que la femme rembourse la dépense dont elle a profité.

La loi défendait au mari d'aliéner le fonds dotal: toutefois cette aliénation lui est permise si la femme y consent. Ainsi le mari peut même donner le fonds dotal à un de ses amis pourvu qu'il ait obtenu le consentement de la femme. Lorsque l'aliénation du fonds dotal, faite par le mari avec le consentement de la femme, est une aliénation à titre onéreux, la chose ou la somme acquise en échange est subrogée réellement au fonds aliéné: elle est dotale. Nous en avons la preuve dans un fragment de Pomponius ainsi conçu:

(1) Si ex lapidicinis dotalis fundi lapidem, vel arbores quæ fructus non essent sive superficium ædificii dotalis, voluntate mulieris vendiderit, nummi ex eà venditione recepti sunt dotis.

Si du consentement de la femme, le mari a vendu des pierres tirées de carrières qui sont dans le fonds dotal ou des arbres qu'on ne peut considérer comme fruits, ou un droit de superficie sur la maison dotale, l'argent provenant de cette vente est dotal.

Le droit de superficie sur l'édifice dotal n'a pu être vendu par le mari qu'avec le consentement de la femme: c'est une sorte de propriété prétorienne que le mari seul n'aurait pas pu détacher au profit d'un tiers. Au contraire les blocs de pierre ou de marbre retirés du fonds dotal, les arbres abattus sur le fonds dotal, lors même qu'ils ne doivent pas être considérés comme des fruits peuvent valablement en leur qualité de meubles être vendus par le mari seul. Mais la cir-

(1) L. 32, De jure dotium.

constance que la femme a consenti à la vente présente cet intérêt que désormais c'est le prix qui est dotal et que le mari pourra le restituer, annuâ, bimâ trimâ die.

Nous nous trouvons ici en présence d'une contradiction au moins apparente entre ce fragment de Pomponius L. 32 *de jure dotium* et ceux précédemment cités: L. 7, § 13, *solut matr.* et L. 18 pr. *De fundo dotali.* D'après ces deux derniers fragments nous avons vu en effet, que le mari gagne définitivement les produits de la carrière. Pomponius, au contraire dans la loi 32 *de jure dot.* suppose que les produits de la carrière ouverte dans le fonds dotal font partie de la dot: il les met sur la même ligne que les arbres *quæ fructus non essent* et décide que si le mari les a vendus *voluntate mulieris*, le montant du prix de vente est dotal.

Cette contradiction n'est qu'apparente: selon nous elle trouve facilement une explication: La loi 32 se rapporte soit à des *lapides* qui avaient déjà été extraits de la carrière au moment où le fonds est devenu dotal, soit à des *lapides* extraits pendant le mariage, mais qui, d'après la volonté exprimée par la femme, doivent être *in dote* comme le fonds d'où ils proviennent. Cette solution d'ailleurs résulte bien d'un fragment de Paul ainsi conçu:

Si fundus in dotem datus sit, in quo lapis cæditur, la pidicinarum commodum ad maritum pertinere constat: quià palam sit, eo animo dedisse mulierem fundum, ut iste fructus ad maritum pertineat, nisi contrarium voluntatem in dote danda declaraverit mulier.

CHAPITRE III.

Des mines au point de vue de l'hypothèque.

Nous avons vu que les mines étaient susceptibles d'usufruit; il est un autre démembrement du droit de propriété dont elles sont également susceptibles; nous voulons dire le droit d'hypothèque. Sans doute, aucun texte n'autorise formellement le droit d'hypothéquer les mines mais les caractères généraux exigés pour la constitution d'hypothèque, rapprochés de ceux que nous avons constatés relativement aux mines, nous permettent d'affirmer que ces dernières peuvent être l'objet d'une constitution de ce droit.

Gaius examinant dans la loi 9 *de pign. et hypoth.* XX. 1, quelles sont les choses susceptibles d'hypothèque s'exprime en ces termes: « *Quod emptionem venditionemque recipit, etiam pignorationem recipere potest.* » Or, nous avons vu que les mines pouvaient être l'objet d'une vente, d'une constitution d'usufruit. D'ailleurs Gaius n'est pas moins formel dans la loi 15 lorsqu'il dit: « *Et quæ nondum sunt, futura tamen sunt, hypothecæ dari possunt: ut fructus pendentes, partus ancillæ, fœtus pecorum, et ea quæ nascuntur sint hypothecæ obligata. Idque servandum est sive dominus fundi convenerit, aut de usufructu, aut de his quæ nascuntur, sive is qui usumfructum habet siculi Julianus scribit.* » Ce texte, et le texte suivant de Marcien, L. 16 eod. tit. nous aident à trancher une difficulté qui peut se présenter dans le cas où une mine a été creusée ou une carrière ouverte après que le fonds a été engagé ; la difficulté consiste à savoir si la mine ouverte ainsi postérieurement à la constitution d'hypothèque, se trouve également hypothéquée? Nous venons de voir la solution de Gaius : *Et quæ nondum sunt futura tamen sunt, hypothecæ dari possunt;* Marcien résolvant une hypothèse analogue confirme la solution de Gaius : « *Si fundus hypothecæ datus* » *sit, dit-il, deinde alluvion major factus est totus* » *obligatur.* »

Il arrive parfois qu'une hypothèque se trouve tacitement constituée, par exemple dans le cas où de l'argent a été prêté pour la construction ou l'acquisition d'un édifice, (1) la solution indiquée dans ce cas par Papinien devra-t-elle être étendue aux mines et par exemple celui qui aura fait des avances pour les établir, jouira-t-il d'un droit d'hypothèque? Nous ne trouvons pas de solution formelle à ce sujet ; mais, d'un fragment de Paul, au même titre, il parait résulter que la décision de Papinien doit être restreinte au cas prévu par ce jurisconsulte et que dans le cas d'avances faites pour l'établissement d'une mine, le créancier ne pourrait exercer un droit d'hypothèque sur les produits que jusqu'à concurrence du taux légal de l'intérêt des sommes prêtées.

« *Cum debitor gratuitâ pecuniâ utatur, dit Paul,* » *potest creditor de fructibus rei sibi pigneratæ, ad* » *modum legitimum usuras retinere.* »

(1) In quibus causis XX. 1.

DROIT FRANÇAIS

DES DROITS ET OBLIGATIONS DES CONCESSIONNAIRES DE MINES. (1)

Chapitre Préliminaire

APERÇU HISTORIQUE.

Lors de la décadence de l'empire romain, l'état ne s'occupa plus des mines dont il s'était attribué la surveillance, en même temps qu'il prélevait un impôt sur leur revenu : de là une foule d'abus et les exploitations, conduites sans règles, disparurent pour la plupart.

Lors de la chute de l'Empire Romain, l'invasion des nouveaux peuples amena des coutumes et des arts nou-

(1) Ce titre avait été proposé à M. le doyen de la Faculté et accepté par lui à la date du 5 mai 1872; une délibération ultérieure de la Faculté en a fait le sujet du concours de doctorat pour l'année 1872-1873.

veaux ; l'art des mines participa à ces changements et à ces révolutions.

Dans la partie septentrionale de l'Europe, où se trouvent les mines les plus abondantes, la législation sur les mines a vivement préoccupé les gouvernements. Le droit des propriétaires, les prétentions des seigneurs féodaux, l'intérêt de l'exploitation, sont les mobiles divers qui ont inspiré la législation. Tantôt l'un des motifs l'emportant sur l'autre, tantôt l'un balançant l'autre pour satisfaire à tous les intérêts. Mais le résultat auquel on est arrivé dans le dernier siècle, est presque uniforme dans tous les Etats, c'est-à-dire que le principe du droit régalien a généralement prévalu.

En Suède toutes les mines appartiennent à la couronne : le souverain perçoit en nature ou en deniers, un droit proportionnel sur les matières fabriquées et il se réserve la tutelle de toutes les entreprises de mines, laquelle est exercée par des maîtrises subordonnées au conseil supérieur de Stockholm : un maître des mines accorde des concessions au nom du souverain.

En Norwège, en Danemarck et en Hanovre le droit régalien fondé par l'ordonnance de Christian V en 1585, s'exerce comme en Suède.

En Prusse, l'ordonnance de 1772 réserve au domaine le droit d'exploiter ou de concéder toutes les mines. La concession réserve un droit au propriétaire du sol.

En Hongrie l'ordonnance de Maximilien, désigne toutes les mines comme biens de la chambre royale et défend d'en ouvrir sans l'autorisation du souverain.

En Bohême, le droit régalien également consacré a été cédé aux États à la charge d'accorder des concessions ainsi qu'il est dit à l'article 1 de l'ordonnance de Joachimisthal.

Dans la Saxe, l'exercice du droit régalien remonte à 1470 : tout particulier autorisé par le conseil des mines de ce pays peut faire des fouilles dans le terrain d'autrui pour y découvrir des substances métallifères ou des pierres précieuses et devenir ensuite concessionnaire après l'accomplissement de certaines formalités. Les mines de houille ne sont pas sujettes au droit régalien, un droit de préférence est réservé au propriétaire du sol.

En Autriche, l'ordonnance de Ferdinand consacre le droit régalien. La dernière ordonnance qui date de 1781 permet à tout individu autorisé par le conseil des mines d'exploiter la houille dans le champ d'autrui, lorsque le propriétaire ne veut pas exploiter lui-même, ou que ses travaux sont mal dirigés.

En Pologne les mines ont été de droit régalien dès les temps les plus reculés et l'on voit en l'an 1286, Lescus surnommé le Noir, roi de Pologne, donner à perpétuité à l'évêque de Cracovie, la dîme de tous les métaux de son diocèse par une charte où il est dit que sans concession du prince la dîme des métaux n'est pas due.

En Russie, le droit régalien a été consacré par l'ordonnance de Pierre-le-Grand de 1718 laquelle a été modifiée par l'ordonnance de 1782 qui permet aux propriétaires d'exploiter les mines existant dans leurs fonds : mais l'État perçoit des redevances qui vont jusqu'à 40 %.

En Angleterre, le droit d'entamer la surface du terrain non-seulement pour exploiter les mines, mais encore les carrières se nomme Royalty et appartient au souverain. Guillaume le céda à ses officiers sur les terres qu'il leur donna : il a été l'objet de diverses transactions qui l'ont fait changer de mains, mais il est toujours resté indépendant de la surface.

En Espagne, les mines sont considérées comme propriété publique.

La Belgique, aujourd'hui soumise comme la France à la loi du 21 avril 1810 modifiée par la loi du 2 mai 1857 avait autrefois deux législations distinctes pour les mines : celle du pays wallon où la coutume de Liège accordait aux propriétaires du sol le droit d'exploiter les mines de leur tréfonds ou de céder ce droit à des tiers : celle du Hainaut, pays de Mons, où le droit régalien avait passé dans les mains des seigneurs hauts justiciers qui accordaient des concessions de mines moyennant redevance.

En France sous l'ancienne monarchie, les mines ont été constamment régies par le droit régalien que nous voyons exercé d'abord par le roi sous la première et la seconde race pour passer ainsi que les autres attributs de la souveraineté entre les mains des grands possesseurs de fiefs jusqu'à l'époque où Philippe-le-Bel avec l'aide des communes commença la lutte qui devait effacer les souverainetés des possesseurs de fiefs. Remarquons toutefois que les mines n'ont jamais été de droit féodal. Sous les successeurs de Charlemagne, alors que la royauté se laissait absorber par la féodalité il arriva bien en fait que le droit du souverain sur les mines fut envahi comme les autres attributs de la souveraineté, mais ce ne fut là qu'une usurpation de fait et lorsque le pouvoir royal fut fortement reconstitué, il reprit l'exercice du droit régalien sur les mines ainsi que le constatent l'édit de Charles VI et ceux de ses successeurs. (1)

Un arrêt de la cour de cassation du 15 Mai 1833, a formellement consacré ce fait dans le procès intenté dès 1827, par les héritiers Foulon contre M. et Mme de Monti.

En 1771, le sieur Foulon, concessionnaire d'une mine de charbon en Anjou, avait cédé à deux tiers pour quinze ans, moyennant une rente de deux mille livres, son droit d'exploiter. M. et Mme de Monti représentants de ces deux tiers, se refusaient en 1827 à fournir titre nouveau de la rente aux héritiers Foulon en arguant de ce que la rente de deux mille livres n'avait été stipulée par M. Foulon qu'en sa qualité de seigneur et qu'ayant ainsi un caractère féodal, elle se trouvait abolie par les lois de la Constituante. M. et Mme de Monti obtinrent gain de cause devant le tribunal de Saumur, mais ce premier jugement fut réformé par la cour d'appel d'Angers, lequel arrêt fut confirmé par la cour de cassation le 25 Mai 1833.

« Attendu dit la cour de cassation.... que d'après » l'ancien droit commun de la France, et quelles qu'aient

(1) Ordonnances des rois de France de la 3e race. T. X, p. 141.
Edit de Charles VI. — Pour ce quoi..... déclarons que nul seigneur spirituel ou temporel, de quelque état, dignité ou prééminence, condition ou autorité qu'il soit, en nostre dit royaume, n'a, n'aura, ne doit avoir à quelque titre, cause, occasion quelle qu'elle soit pouvoir ne authorité de prendre, réclamer ès-dites mines la dixième partie ne autre droit de mine.

» pu être à certaines époques les prétentions des sei-
» gneurs hauts-justiciers, *les mines étaient de droit ré-*
» *galien* et leur exploitation n'était soumise qu'à la
» permission préalable du roi, et non à celle des sei-
» gneurs hauts justiciers: que cette régle spécialement
» applicable aux mines de charbon de terre, d'après
» le réglement du 14 Janvier 1744, est devenue d'au-
» tant plus constante à cet égard, que ce réglement
» assujettissait formellement les seigneurs hauts justi-
» ciers comme toutes les autres personnes à cette per-
» mission préalable pour l'exploitation des mines. »

Les termes de cet arrêt, sont assez explicites sans qu'il soit besoin de nous arrêter plus longtemps sur la nature du droit sur les mines antérieurement à la loi de 1791.

LOI DU 28 JUILLET 1791.

A cette époque mémorable où se jetaient dans le creuset des réformes, les anciennes institutions, où l'Assemblée constituante inscrivait si hardiment en tête de la constitution les principes nouveaux, base du droit moderne, des adresses multipliées avaient appelé l'attention de l'assemblée sur les nombreuses réformes à introduire dans les mines et minières du royaume. Ce fut ainsi sous la pression irrésistible de l'opinion publique et avec cette foi en elle-même qui faisait sa force et son courage que l'Assemblée constituante invita quatre de ses comités, ceux de constitution, des finances, des impositions et des domaines, à se réunir pour préparer un projet sur cette matière. M. Regnault d'Épercy, député du Jura, chargé de faire connaître à l'Assemblée le résultat des travaux de ces quatre comités, déclarait dans son rapport que les mines sont des propriétés distinctes de la surface, qu'elles sont des biens sans maître, demeurés indivis et en masse dans la main de chaque société et que la société a le droit d'en disposer dans l'intérêt général. Il concluait en disant qu'il était indispensable d'admettre pour l'exploitation des mines, le système des concessions par la nation.

Ce principe ne passa pas sans discussion, si on était généralement d'accord pour rejeter le système, impraticable imaginé par Turgot et accordant la propriété des mines au premier occupant, le système qui a pour point de départ que les mines font partie de la propriété foncière et individuelle des citoyens, trouva dans l'assemblée d'éloquents défenseurs. Heurtaut Lamerville, député du Cher, notamment s'inspirant de la déclaration des droits de l'homme et du citoyen qui garantissait à chacun sa propriété, sauf le cas d'expropriation pour cause d'utilité publique et invoquant en outre le caractère absolu de la propriété qui donne le droit de jouir du sol, d'en user et d'en disposer sans exclusion aucune, proposa un contre-projet dont le principe fondamental était qu'à l'exception des mines d'or et d'argent, les mines et minières font partie de la propriété foncière et individuelle des citoyens.

Mirabeau, nous l'avons vu, prit une large part à la discussion, et sa parole puissante s'attacha à réfuter tant le système de Turgot, que celui du député du Cher.

« Si la nation, s'écriait-il, appuyant les conclusions

» du rapporteur, si la nation peut et doit concéder les » mines, les mines sous ce rapport et dans ce sens, sont » donc à la disposition de la nation. »

Cette disposition fondamentale fut inscrite dans l'art. 1er du titre 1er de loi du 28 juillet 1791 : Les mines et minières sont à la disposition de la nation, en ce sens seulement que ces substances ne pourront être exploitées que de son consentement et sous sa surveillance.

Mais, contradiction étrange, ce principe posé dans l'article premier se trouve presque aussitôt restreint, sinon effacé dans l'art. 3 par la préférence accordée au propriétaire de la surface, d'exploiter les mines qui pourraient se trouver dans son fonds, à la condition toutefois (art. 10) que la propriété du prétendant à la concession, seule ou réunie à celle de ses associés, fût d'une étendue propre à former une exploitation.

Ainsi donc, l'art. 1 met les mines et minières à la disposition de la nation, ce qui suppose que le gouvernement en disposera selon l'intérêt de la société et l'art. 3 attribue une préférence au propriétaire de la surface, ce qui exclut pour le gouvernement la liberté de la disposition. Puis vient l'art. 10 qui subordonne le droit des propriétaires à l'examen de leurs moyens d'exploitation, c'est-à-dire fait résulter l'exercice d'un droit positif de la décision arbitraire d'un fait.

Enfin, l'art. 19 accorde la préférence aux concessionnaires ancien pour une concession nouvelle à l'expiration de la leur et pourtant le droit du propriétaire de la surface menace sans cesse de le dépouiller si on le reconnaît, à moins d'être méconnu pour respecter le droit du concessionnaire.

Telles étaient les dispositions principales, je devrais dire les vices principaux de cette loi de 1791, loi éclectique, loi de transaction entre des avis opposés et qui, en s'efforçant de ménager tous les droits, de tenir compte des intérêts les plus contraires satisfit rarement les intéressés : loi enfin sur laquelle Regnaud de saint Jean d'Angely a pu porter ce jugement sévère dans son remarquable exposé des motifs de la loi de 1810 :

« Cette loi de 1791, dit-il, dans les premières années » de sa publication, avait été presque inexécutée et » les mines étaient dans toute la France sans surveil- » lance, sans activité, pour ainsi dire sans produits, » lorsque le comité de salut public, forcé pour se » défendre, de rassembler tous les moyens, toutes les » ressources, de réunir tous les efforts, tous les calculs, » créa en l'an II une administration des mines. »

Mais ni les efforts de ce conseil pour rendre florissants les établissements existants et pour en provoquer de nouveaux, ni les actes interprétatifs (1) qui eurent pour but de fixer le sens de la loi de 1791 et d'en rendre l'application utile, ne purent mettre un terme aux abus résultant de l'imperfection de cette législation, abus plus sensibles encore depuis la réunion des départements voisins de l'Escaut et du Rhin qui tiraient de l'exploitation des mines leur principale richesse.

Pour remédier à ces inconvénients, une refonte législative de la matière était nécessaire et bientôt en effet

(1) Instruction réglementaire du ministère de l'intérieur Chaptal 18 messidor an IX.

après de nombreux essais, le comte Regnaud de Saint Jean d'Angély présentait au corps législatif dans sa séance du 13 avril 1810 le projet de loi qui devint la loi du 21 avril 1810 régissant encore aujourd'hui la matière des mines et dont nous avons maintenant à examiner le principe fondamental.

CHAPITRE PREMIER.

De la propriété des mines sous l'empire de la loi du 21 avril 1810.

Le principe de la loi de 1810 se distingue profondément de ceux des législations antérieures. En présence des nombreux obstacles apportés à l'exploitation des richesses minérales par les vices de la législation de 1791, poussé aussi par le besoin qu'il avait de houille et de fer pour l'accomplissement de ses grands projets, Napoléon posa dès l'année 1806 le programme de la loi du 21 avril 1810 qui a organisé en France la propriété des mines dans des conditions favorables au développement de l'industrie minérale.

Depuis la loi de 1791, le Code civil avait établi les bases de la propriété; en posant le principe que la propriété du sol emporte la propriété du dessus et du dessous, l'article 552 sépare la terre horizontalement en deux propriétés distinctes, sur lesquelles le propriétaire a pourtant un droit égal sauf, dit-elle, les modifications résultant des lois et règlements relatifs aux mines. C'est qu'en effet, une mine est une richesse d'un trop haut prix, la société est trop intéressée à sa bonne exploitation pour qu'elle puisse être abandonnée au propriétaire du sol, bien qu'en réalité elle lui appartienne, aussi la loi de 1810 a-t-elle sagement par un motif d'utilité publique, autorisé le gouvernement à permettre à un tiers de fouiller la propriété d'autrui pour y découvrir une mine et à concéder après la découverte le tréfonds de cette propriété qui prend le nom de mine. De sorte qu'après la concession il y a dans le terrain deux propriétés distinctes et séparées, qualifiées par la loi de 1810, l'une de propriété de la surface, l'autre de propriété de la mine. Par la concession de la propriété de la mine, le gouvernement transfère à perpétuité la propriété du *dessous* (art. 552) moyennant une redevance qui est payée au propriétaire du *dessus* et forme le prix de l'expropriation qu'il subit.

Tel est, selon nous, le principe qui a été sinon proclamé, du moins déposé dans cette loi du 21 Avril 1810, principe qui ressort à l'évidence, tant de la discussion devant le Conseil d'Etat, et de l'exposé des motifs que de la rédaction des textes eux-mêmes.

« La découverte d'une mine, disait l'Empereur, » séance du 22 Mars 1806, crée une propriété nou- » velle; un acte du souverain devient donc nécessaire » pour que celui qui a fait la découverte puisse en pro- » fiter, et cet acte en réglera aussi l'exploitation, mais » comme la propriété de la surface a des droits sur » cette propriété nouvelle, l'acte doit aussi les liquider. » On lui donnera à titre de redevance, une part dans » les produits; cette part sera mesurée sur l'étendue » de la surface dont il est propriétaire. »

Plus tard dans la séance du 8 avril 1809, il faisait observer, « que d'après le Code Napoléon la propriété » du sol emporte la propriété du-dessus et du dessous » et qu'une mine est de la même nature qu'une car- » rière de pierres, laquelle appartient à celui dans le » sol duquel elle se trouve. »

Dans la séance du 24 juin 1809, M. le comte Jaubert fait remarquer :

« Que la section distingue deux sortes de propriétés, » celle du *dessus* et celle du *dessous* et que les droits » du propriétaire *de la surface* pourront à *l'égard des* » *fonds,* se réduire à une simple indemnité. Il demande » quels seront ceux des créanciers hypothécaires rela- » tivement à cette indemnité? Sera-t-elle affectée à » leurs hypothèques? » M. le comte Raynaud de St- Jean d'Angely dit :

« Que les mines sont des *propriétés nouvelles* qui » n'existent que par l'acte de concession; qu'elles » n'ont pas pu être grevées d'hypothèques *avant leur* » *existence.* Mais que du moment qu'elles sont éta- » blies, les droits que l'acte y donne au propriétaire » de la superficie s'identifient avec cette dernière pro- » priété, deviennent par cette raison immobiliers et se » trouvent en conséquence affectés, avec la superficie » aux créances hypothécaires. »

M. l'archichancelier fait observer : « qu'il faut pren- » dre garde qu'un débiteur de mauvaise foi qui voudra » frauder ses créanciers, leur soustraira le tréfonds, en » obtenant une concession, même sans intention et » sans espérance de réussir, et réduira leurs hypothè- » ques *à la surface qui deviendra d'une valeur à peu*

» *près nulle lorsqu'elle sera séparée du tréfonds*. Il faut » donc avoir soin d'expliquer que dans le cas où la » concession est accordée au propriétaire ses créan- » ciers ont le droit de faire procéder cumulative- » ment à l'adjudication de la superficie et à celle des » fonds. »

M. le comte Jaubert voudrait :

« Que l'on appliquât pour les affiches, les formes de » publications établies par le code de procédure civile, » pour la vente des objets saisis et particulièrement la » disposition qui ordonne l'insertion dans les journaux. »

La séparation des deux propriétés définies par l'article 552 peut-elle être plus explicitement formulée : c'est M. le comte Jaubert faisant remarquer que la section distingue *deux sortes de propriétés* et que les droits de la surface pourront *à l'égard du fonds* se réduire à une simple indemnité : c'est l'archichancelier disant que *la surface séparée du fonds deviendra d'une valeur à peu près nulle ;* c'est enfin M. Jaubert qui donnant à la concession son véritable caractère en la considérant comme un acte d'expropriation du terrain tréfoncier, demandait l'application des mêmes formalités, que pour les ventes sur *saisies immobilières*.

Le 9 Janvier 1810, l'empereur qui présidait la séance dit :

« Qu'il est contradictoire de déclarer que les mines » n'appartiennent à personne, et que cependant le pro- » priétaire de la surface y a droit. »

M. le comte Jaubert répond alors :

« Qu'on éprouvera toujours quelque embarras, tant

» qu'on ne rattachera pas le projet à l'art. 552 du C. N.
» Cet article en donnant au propriétaire de la surface,
» le droit de tirer des fouilles qu'il fait sur son terrain
» tous les produits qu'il peut fournir ajoute : *sauf les*
» *modifications résultant des lois et réglements relatifs*
» *aux mines*. Il ne s'agit donc plus que de fixer ces
» modifications qui restreignent la propriété du dessus. »

M. Regnaud de St-Jean d'Angely dit :

« Que M. Jaubert se reporte au premier point de la
» discussion, que d'ailleurs son système aurait l'incon-
» vénient de ruiner la propriété. Si, par exemple on
» concédait le dessous de plusieurs lieues, les proprié-
» taires de la surface cesseraient de l'être dans toute
» cette étendue. »

En l'absence de l'empereur, ce système avait été abandonné et M. le conte Jaubert le reproduisait.

M. le comte Boulay répondant, pense :

« Qu'il serait prudent de s'abstenir de toute défini-
» tion et de n'insérer dans le projet que des articles
» d'exécution. »

Mais l'empereur partageant l'opinion de M. Jaubert, décide la question en disant :

« Qu'il faut établir en principe que le propriétaire
» du dessus, l'est aussi du dessous, à moins que le
» dessous ne soit concédé à un autre, auquel cas il
» reçoit une indemnité à raison de la privation de la
» jouissance du dessous. »

Partout nous retrouvons cette idée de la séparation des deux propriétés et l'empereur lève les objections au moyen d'une indemnité à payer au propriétaire *exproprié du tréfonds;* c'est ainsi que dans la séance du 9 Avril comme on s'occupait de l'indemnité à payer au propriétaire du sol exproprié du tréfonds il répondait dans les termes suivants à une proposition d'indemnité dérisoire:

« Si le propriétaire du dessus ne l'est pas du des-
» sous, il ne lui est absolument rien dû; que s'il l'est,
« il faut lui donner une part plus sérieuse dans les
» bénéfices et la fixer par l'acte de concession. »

Et il terminait en disant:

« Que le demandeur en concession et le propriétaire
» du sol soient donc entendus contradictoirement: que
» leurs intérêts soient balancés et conciliés, et que
» l'acte de concession les détermine. »

Ce principe passa dans la loi et M. Montalivet ministre de l'intérieur en ordonnait ainsi l'exécution dans son instruction du 3 août 1810.

« S'il y a discussion entre les propriétaires du ter-
» rain et le demandeur en concession, relativement
» aux indemnités autorisées par les art. 6 et 42 de
» la loi, ou réclamation de sa part à l'égard des rede-
» vances proposées par l'ingénieur des mines, ces
» objets seront soumis à l'avis du conseil de préfec-
» ture. »

Enfin la séance du 13 février 1810 où toutes les dispositions de la loi furent définitivement adoptées, établit d'une manière non moins explicite le principe de la séparation des deux propriétés.

M. le comte Jaubert demande qu'à l'article 7 on change ces expressions: « *l'acte de concession donne*

» *la propriété de la mine:* car d'après le Code Napo-
» léon et les principes reconnus dans le cours de la
» discussion actuelle, le propriétaire du dessus l'est
» aussi du dessous. Lorsqu'il devient concessionnaire
» du droit d'exploitation, l'acte de concession ne lui
» transfère pas une propriété, mais lui accorde seule-
» ment l'autorisation *d'extraire des substances,* dont
» l'exploitation ne peut se faire qu'après une permis-
» du gouvernement, *mais il était propriétaire.* »

L'empereur justifie la nécessité de la concession en disant :

« Que le Code Napoléon en employant ces expres-
» sions, *le propriétaire du dessus l'est aussi du dessous*
» a voulu consacrer le principe qu'en France les terres
» ne sont sujettes à aucun droit régalien ou féodal et
» laisser toute latitude au propriétaire. Cependant le
» Code excepte de cette disposition, les fouilles des
» mines, parce que la propriété du sol et celle de la
» mine ne sont pas inhérentes.

« La concession forme une *propriété nouvelle* et
» même dans la main du propriétaire du sol, le droit
» d'exploitation est une richesse nouvelle : dès lors,
» il faut à son égard, se servir des mêmes expressions
» qu'à l'égard de tout autre concessionnaire ; il lui
» faut aussi un acte qui lui confère ce droit lui donne
» la propriété de la concession : cette mesure est dans
» son intérêt, car propriétaire du sol et de la mine
» réunis, il peut cependant vouloir ne conserver qu'une
» de ces deux *propriétés;* il *peut vouloir les séparer,*
» en vendre une, il faut donc, qu'il ait un titre qui
» réglera le sort de celui qui deviendra *propriétaire*
» *du sol* ou *de la mine.*

» Par conséquent, lorsque le propriétaire du sol » obtiendra la permission d'exploitation, l'acte de » concession n'en devra pas moins déterminer la » redevance imposée à la mine en faveur du sol; le » propriétaire semble la payer à lui-même, et cela est » vrai tant qu'il réunit les deux objets : mais si on ne » règle pas la redevance par l'acte de concession et » si le propriétaire vend la mine, il faudra qu'il re- » vienne au conseil pour obtenir ce règlement.

» Son acte de concession resterait donc jusque là » incomplet, il serait empêché de vendre et peut-être » exposé à voir remettre en discussion, les conditions » de la concession. »

M. le comte Jaubert persiste à penser :

« Que le Code Napoléon en accordant la propriété » *du dessus* et *du dessous*, n'astreint le propriétaire de » la mine et du sol qu'à demander un acte qui règle » son mode d'exploitation. Par conséquent, les deux » objets lui appartenaient, et la richesse de la mine, » quoiqu'elle ne fût point encore exploitée, a pu être » envisagée par les créanciers du sol comme le gage » de leur créance, de telle sorte qu'ils ont un droit » déjà acquis dont ils ne peuvent être privés par l'effet » d'une succession faite à un tiers. »

L'Empereur répond :

« Que les créanciers ont un droit tant que la mine » n'est pas concédée; mais que lorsqu'elle vient à » l'être, ils n'ont plus de droit que sur la redevance, » car la concession dépend du gouvernement et les » créanciers ne peuvent le forcer à la donner.

» Ainsi se concilient les deux dispositions de l'ar-

» ticle 552 qui accorde au propriétaire *du dessus* la
» propriété du *dessous* et fait une modification à la
» généralité des conséquences de ce principe.

» Pour ce qui est relatif aux mines, le droit de pré-
» lever une redevance sur les produits de la mine,
» dérive de la qualité du propriétaire du dessus : mais
» c'est à la redevance que se borne ce droit lorsqu'il
» s'agit d'une exploitation de mine et cette restriction
» nous place dans la seconde disposition de l'art. 552
» du C. C.

» M. le comte Regnaud de St-Jean d'Angely observe
» que le conseil a reconnu que le sol et la mine for-
» maient dans la main du propriétaire, deux proprié-
» tés tellement distinctes qu'on lui accorde la faculté
» de constituer des hypothèques spéciales sur chacune ;
» le bailleur de fonds pour l'exploitation, aura la préfé-
» rence sur le créancier qui aurait pour gage le sol
» avant l'ouverture de la mine, encore bien que le titre
» de ce dernier créancier fût antérieur au sien.

M. le comte Jaubert dit :

» Que les droits des créanciers du propriétaire du sol
» sur la mine découverte, ne sont pas assez déter-
» minés. »

M. le comte Regnaud de St-Jean d'Angély répond :

» Que si l'hypothèque accordée aux créanciers est
» spéciale, elle n'a pu être donnée que sur le sol avant
» la découverte de la mine, puisque jusque-là la pro-
» priété, son existence, sa valeur étaient incertaines :
» ce créancier n'a donc pas d'hypothèque sur la mine
» qui est une propriété nouvelle.

« Avait-il une hypothèque générale ? Il ne peut y

» avoir que celle des femmes ou des mineurs : le » créancier a un droit sur la redevance. parce qu'elle » est représentative de la propriété du dessous. »

La séparation des deux propriétés ne ressort-elle pas à l'évidence de cette discussion? Ne voyons-nous pas le comte Jaubert dont la proposition de séparer les deux propriétés avait été agréée, disant que la concession d'une mine ne peut *conférer une propriété au propriétaire de la surface, puisqu'il a la propriété du dessus et du dessous* et l'empereur lui répondre, *qu'un titre de propriété de la mine* est nécessaire au propriétaire de la surface comme à tout autre, dans le cas où il voudrait vendre séparément les deux propriétés ou une seule.

La discussion devant le conseil d'État, ne nous fournit point seule la preuve de la consécration par la loi de 1810 du principe que la concession du terrain tréfoncier consomme la séparation horizontale des deux propriétés définies dans l'art. 552. Notre interprétation trouve également un éloquent appui dans l'exposé des motifs que M. le comte Regnaud de St-Jean d'Angély fut chargé de faire au corps législatif au nom du gouvernement.

« En établissant les principes de la propriété, dit-il le » Code Napoléon, art. 552, avait en quelque sorte posé » la première pierre d'un autre monument législatif, » sur lequel devait reposer le grand intérêt de l'ex» ploitation des mines, de ces richesses sans cesse » élaborées dans le sein de la terre, sans cesse » recherchées par l'industrie, sans cesse versées dans » la société pour satisfaire à ses besoins et accroître

» sa richesse..... Pour que les mines soient exploitées, » pour qu'elles soient l'objet du soin assidu de celui » qui les occupe, pour qu'il multiplie les moyens d'ex- » traction, pour qu'il ne sacrifie pas à l'intérêt du pré- » sent l'espoir de l'avenir, l'avantage de la société à » ses spéculations personnelles, il faut que les mines » cessent d'être des propriétés précaires, incertaines, » non définies, changeant de main au gré d'une légis- » lation équivoque, d'une administration abusive, d'une » police arbitraire, de l'inquiétude habituelle de leurs » possesseurs. Il faut en faire *des propriétés* auxquelles » toutes les définitions du Code Napoléon puissent » s'appliquer. — Il faut que ces masses de richesses » placées sous de nombreuses fractions de la superficie » du territoire, au lieu de rester divisées comme cette » superficie même, deviennent par l'intervention du » gouvernement et en vertu d'un acte solennel, un » ensemble dont l'étendue sera réglée, *qui soit dis-* » *tincte du sol*, qui soit en quelque sorte une création » particulière.

» Dans cette création, le droit du propriétaire de la » surface ne doit pas être méconnu, ni oublié ; il faut » au contraire qu'il *soit consacré pour être purgé, réglé* » *pour être acquitté*, afin que la propriété que l'acte » du gouvernement *désigne, définit, limite* et *crée* en » vertu de la loi, soit d'autant plus invariable, plus in- » violable et sacrée qu'elle aura plus strictement satis- » fait à tous les droits, désintéressé même toutes les » prétentions.

» Ainsi les mines seront désormais une propriété » *perpétuelle, disponible, transmissible*, lorsqu'un acte

» du gouvernement aura consacré cette propriété par » une concession qui réglera le droit de celui auquel » appartient la surface. »

Les mêmes principes avec leurs conséquences se trouvent également signalés dans le rapport fait au Corps législatif au nom de la commission d'administration intérieure, par M. le comte Stanislas Girardin, président de cette commission :

« La société, dit-il, crée seule la propriété, dont elle » seule assure l'exercice..... La propriété du sol aux » termes de l'article 552 du Code Napoléon, em- » porte la propriété du dessous. Le propriétaire peut » faire au-dessous toutes les constructions et fouilles » qu'il jugera à propos, et tirer de ces fouilles tous les » produits qu'elles peuvent fournir sauf les modifica- » tions résultant des lois et réglements relatifs aux » mines. Prononcer que les mines sont des propriétés » domaniales, c'eût été annuler l'art. 552, et non le » modifier.

« Cette modification offrait un problème difficile à » résoudre ; il a été résolu de la manière la plus satis- » faisante, puisqu'elle est la plus utile à l'intérêt de la » société ; il l'a été en déclarant que les mines ne peu- » vent être exploitées qu'en vertu d'un acte de conces- » sion délibéré en Conseil d'Etat, mais cet acte réglera » les droits des propriétaires de la surface *sur le pro- » duit des mines concédées*..... A l'instant où la loi sera » publiée, les concessionnaires deviennent propriétai- » res incontestables, leur propriété est entièrement » détachée de la surface. Une propriété séparé de la » surface est une conception absolument neuve, etc. »

Voulons-nous nous convaincre que ces idées, ces principes ont bien passé dans la loi, il nous suffira de la parcourir pour en trouver la consécration dans de nombreux articles. C'est d'abord l'article 2 qui donnant la définition de la mine, considère comme telle, les masses de substances minérales ou fossiles *renfermées dans la terre* et connues pour contenir en filons, en couches ou en amas, de l'or, de l'argent, etc., etc.., du charbon de terre ou de pierre, du bois fossile, etc., de même que l'art. 4 donne le nom de carrières au terrain renfermant les ardoises, les grès, pierres à bâtir, marbres, granits, etc., etc...

C'est ensuite l'art. 5 qui ne permet *d'exploiter les mines* qu'en vertu d'un acte de concession délibéré en Conseil d'État, mettant ainsi les mines à la disposition du gouvernement.

C'est encore l'art. 12 qui interdit au propriétaire lui-même, le droit de faire des recherches dans son terrain après la concession. « Dans aucun cas, les re-
» cherches ne pourront être autorisées dans un terrain
» déjà concédé. »

C'est aussi l'article 17 aux termes duquel l'acte de concession purge en faveur du concessionnaire tous les droits du propriétaire de la surface et des inventeurs ou de leurs ayant droit.

N'est-ce pas surtout l'article 19 qui plus explicite encore déclare que du moment où une mine sera concédée, même au propriétaire de la surface cette propriété sera distinguée de celle de la surface et désormais considérée comme propriété nouvelle sur laquelle de nouvelles hypothèques pourront être assises.

Et enfin, pour abréger cet examen pourtant si concluant ne sont-ce point les articles 23 et 24 qui imposent des formalités de publications d'affiches et d'insertions dans les journaux plus solennelles pour la vente par expropriation forcée de la propriété du sol: et l'article 42 aux termes duquel le prix des terrain concédé doit être réglé par l'acte de concession.

Si en terminant, et pour donner à notre solution toute la force, toute la solidité que l'on est en droit d'exiger d'une démonstration juridique nous interrogeons la jurisprudence et lui demandons son système, elle nous apporte, parfois encore hésitante et incertaine, je le reconnais, l'appui de son interprétation et de son autorité. Reportons-nous en effet à un arrêt de la cour de Dijon du 29 mars 1854, nous y verrons:

« Qu'il suffit de lire avec attention la loi du 21 » avril 1810 pour demeurer convaincu que le législa- » teur a entendu en ce qui concerne les terrains ren- » fermant des gisements métalliques constituer *deux* » *propriétés distinctes et séparées:* l'une *composée de* » *la surface* continuant à reposer sur la tête du pro- » priétaire du sol; l'autre *comprenant le tréfonds* pas- » sant entre les mains des concessionnaires de la » mine moyennant indemnité réglée conformément » aux prescriptions des articles 6 et 42 de la loi » précitée. »

Enfin la cour de cassation appelée à déterminer la nature du dommage causé par les travaux souterrains du mineur reconnait deux catégories d'indemnités, celle relative aux dommages causés par l'exploitation et celle résultant des travaux faits à la surface et par arrêt solennel du 23 juillet 1862 elle a reconnu le principe des deux propriétés dans les termes suivants tirés de l'un des motifs de l'arrêt :

« Dans l'une, dit-elle, l'exploitant ne nuit au voisin » qu'en travaillant *chez lui-même* et en tirant profit » de sa propre chose. »

« Dans l'autre c'est en travaillant chez autrui (sur » la propriété du sol) qu'il lui porte préjudice, c'est » en prenant possession de son domaine en l'occu- » pant. »

Ainsi donc interprétant le principe de la loi de 1810 et nous appuyant tant sur l'analyse des textes, sur l'examen de la discussion devant le conseil d'État, que sur l'exposé des motifs fait au nom du gouvernement, le rapport présenté au nom de la commission intérieure et plusieurs décisions de jurisprudence, nous sommes amenés à poser comme principe fondamental de notre loi :

La séparation horizontale de la terre divisée en deux propriétés superposées par la concession que fait l'État de la propriété du dessous en réglant les droits du propriétaire de la surface.

Nous devons maintenant étudier les conséquences de ce principe.

CHAPITRE II.

Des droits de concessionnaires de mines.

SECTION 1re

De la nature de la mine.

La loi du 21 avril 1810, nous venons de le voir, établit deux propriétés distinctes, mais égales et investies au même titre de tous les caractères qui dans notre droit constituent la propriété. Mais l'étendue qu'il convient de donner au siége de l'exploitation, et la nature des travaux à exécuter devant être déterminée corrélativement aux différentes espèces de substances minérales et fossiles que renferme la terre, le premier soin du législateur a dû être et a été en effet de classer méthodiquement ces différentes substances. Observons cependant que la loi n'a point entendu procéder à une classification scientifique et que suivant le texte même de l'art. 1, elle a considéré ces masses de substances minérales ou fossiles, relativement aux règles de l'exploitation de chacune d'elles, en les désignant sous les trois qualifications de mines, minières et carrières.

ARTICLE 2.

« Seront considérées comme mines, celles connues
» pour contenir en filons, en couches ou en amas, de
» l'or, de l'argent, du platine, du mercure, du plomb,

» du fer en filons ou en couches, du cuivre, de l'étain,
» du zinc, de la calamine, du bismuth, du cobalt, de
» l'arsenic, du manganèse, de l'antimoine, du molyb-
» dène, de la plombagine ou autres matières métalli-
» ques, du soufre, du charbon de terre ou de pierre,
» du bois fossile, des bitumes, de l'alun et des sulfates
» à base métallique. »

ARTICLE 3.

« Les minières comprennent les minerais de fer dits
» d'alluvion, les terres pyriteuses propres à être con-
» verties en sulfate de fer, les terres alumineuses et les
» tourbes. »

ARTICLE 4.

« Les carrières renferment les ardoises, les grès,
» pierres à bâtir et autres, les marbres, granits, pierres
» à chaux, pierres à plâtre, les pozzolanes, le trass, les
» basaltes, les laves, les marnes, craies, sables, pierres
» à fusil, argile, kaolin, terres à foulon, terres à pote-
» rie, les substances terreuses et les cailloux de toute
» nature, les terres pyriteuses regardées comme en-
» grais, le tout exploité à ciel ouvert ou avec des gale-
» ries souterraines. »

Tous les terrains reconnus pour contenir en filons, couches ou amas, l'une des substances minérales ou fossiles, énumérées dans l'art. 2 de la loi, sont donc considérés comme mines et concédés sous ce nom au tiers qui s'engage à les exploiter, à en extraire les produits dans l'intérêt de la société.

De cette classification faite par la loi, il ressort d'abord cette conséquence pratique que le concessionnaire en obtenant la concession d'une mine, se trouve investi du droit d'extraire la substance minérale partout où elle se trouve depuis la surface du sol jusqu'à une profondeur indéfinie. Quant à la nature de son droit, nous l'avons suffisamment déterminée au chapitre précédent : il est propriétaire du dessous, propriétaire incommutable de la mine ou terrain reconnu pour contenir les substances minérales en filons, couches ou amas.

Tel est l'effet de la concession accordée par l'État qui intervient alors non pas à titre de propriétaire, mais, suivant l'observation de Portalis à la chambre des pairs, comme tuteur de la richesse publique. Toutefois, il doit être bien entendu que la restriction établie en matière de mines au droit du propriétaire de la surface et par dérogation au principe posé dans l'art. 552 du Code civil ne se réalise qu'au moment où la concession de la mine s'est opérée. La conséquence est que tant qu'une mine n'a pas été l'objet d'une concession de la part du gouvernement, elle appartient au propriétaire de la surface en vertu de l'art. 552 C. C. aux termes duquel la propriété du sol emporte celle du dessus et du dessous d'où il suit que celui qui a dans son fonds des matières minérales non détachées du sol par une concession régulière ne peut en être dépossédé par un fait illégal, sans avoir droit à une indemnité. Telle est la solution consacrée par la cour de cassation dans un arrêt qu'il nous paraît utile de reproduire.

La Cour,

« Attendu que les mines ne forment une propriété

» distincte et existant par elles-mêmes que lorsqu'elles
» sont séparées de la superficie du sol, ce qui ne peut
» s'opérer que par la concession qu'en fait le gouver-
» nement; qu'alors le dessus et le dessous du sol cons-
» tituent *deux propriétés différentes*, la mine qui
» appartient exclusivement au concessionnaire, et le
» sol supérieur qui ne tenant plus à la mine, peut ap-
» partenir à tout autre; que jusqu'à ce que l'acte du
» gouvernement qui opère cette division soit intervenu,
» les choses restent soumises au droit commun, sui-
» vant lequel la propriété du sol emporte celle du des-
» sus et du dessous, d'où il suit que celui qui a dans
» ses fonds des matières minérales non détachées du
» sol par une concession régulière ne peut en être dé-
» possédé par un fait illégal sans avoir droit à une in-
» demnité; »

» Attendu que dans l'espèce, l'arrêt attaqué, déclare
» en fait, d'après une ordonnance royale du 25 avril
» 1839, que le comte de Castellane, a exploité une
» mine qui existait dans la propriété des héritiers Cou-
» lomb, et qu'il s'est livré à cette exploitation sans y
» être autorisé par le gouvernement; que par cette
» entreprise illégale, il a causé aux héritiers Coulomb,
» un dommage à raison duquel, il est condamné à leur
» payer une indemnité à régler par experts; qu'en le
» décidant ainsi, l'arrêt a fait une juste application de
» de l'article 552 du Code civil et n'a contrevenu à
» aucune disposition des lois relatives aux mines....
» Rejette. »

Du 1er Janvier 1841. C. C. ch. req. MM. Zangiacomi pr. — Gaujal rap.

D'après un autre arrêt, lorsqu'il existe dans un terrain, différentes substances minérales, il faut avoir obtenu la concession de chacune de ces substances pour pouvoir l'exploiter; si donc une substance minérale mélangée à celle concédée est extraite en même temps, elle appartient au propriétaire du sol, sous déduction des frais d'extraction. (Liége, 27 févr. 1837. Jurisp. belge, 1837. T. 2, p. 262).

Des mêmes principes, il a encore été déduit spécialement que la saisie et l'adjudication d'un immeuble, où se trouve une mine comprenant le tréfonds comme la superficie à moins d'énonciation contraire ou de séparation existant antérieurement entre la propriété du tréfonds et celle de la superficie. (14 juillet 1840. — CC. Ch. req. MM. Lasagni, prés.; Faure, rap.)

SECTION 2me.

Des effets de la concession.

L'acte de concession ayant été obtenu dans les formes légales, la séparation de la propriété de la mine de celle de la surface se produit aussitôt, et deux propriétés coexistent, profondément distinctes, mais investies au même titre de tous les caractères qui dans notre droit constituent la propriété. A ce moment, les droits de chacun sont déterminés: le propriétaire du sol qui se trouve ainsi sous le coup d'une véritable expropriation dans le cas où la concession est accordée à un tiers, devait sous peine de voir violer son droit de propriété se trouver indemnisé de cet amoindrissement imposé par l'État dans l'intérêt social: c'est ce que prévoit l'article 6 ainsi conçu:

ARTICLE 6.

« L'acte de concession règle les droits des propriétaires de la surface sur le produit des mines concédées. »

Cet article se trouve confirmé et complété par l'art. 42 qui s'exprime en ces termes :

ARTICLE 42.

« Le droit attribué par l'article 6 de la présente loi aux propriétaires de la surface sera réglé à une somme déterminée par l'acte de concession. »

Que résulte-t-il de l'interprétation de ces deux articles et de leur combinaison avec les principes précédemment posés? Que le propriétaire de la surface perdant la propriété du tréfonds reçoit en compensation de son expropriation un prix fixé, déterminé par l'acte de concession, le concessionnaire d'une mine ne pouvant en devenir légitime propriétaire sans en payer le prix. La conséquence immédiate à tirer de ces prémisses, c'est qu'il ne s'agit pas d'une indemnité dérisoire et que le propriétaire du sol exproprié doit recevoir un prix sérieux, car selon l'expression du comte Berlier, lors de la discussion de la loi, *le propriétaire du dessus l'est aussi du dessous* et ne doit pas être dépouillé *des fruits du dessous* sans recevoir une indemnité (1)

Ce prix attribué sous forme de redevance que le

(1) Malgré le texte de l'article 6, malgré l'art. 18 qui prescrit que cette indemnité soit immobilisée à la propriété de la surface et malgré l'article 42 qui veut qu'elle soit réglée à une somme déterminée dans l'acte de concession, cette indemnité n'a jamais été prise au sérieux ; elle est généralement fixée à dix centimes par hectare !

concessionnaire est tenu de fournir, rend ce dernier propriétaire absolu, de sorte que, pour employer une expression de la Cour de Cassation, quand le propriétaire de la mine travaille souterrainement, il est chez lui, dans sa propriété.

Au premier abord, il semble plus logique d'examiner la nature de cette indemnité au chapitre des obligations des concessionnaires; toutefois, il nous a paru indispensable d'entrer ici même dans ces développements pour indiquer l'esprit du législateur qui veut qu'une compensation sérieuse soit accordée au propriétaire de la surface pour l'expropriation de sa propriété tréfoncière, et pour l'établissement sur le sol d'un droit de servitude créé au profit du concessionnaire et dont nous avons maintenant à déterminer la véritable portée.

La mine est enclavée par la surface. On n'y peut pénétrer qu'en traversant cette surface. C'est sur la surface que doivent s'ouvrir les puits qui y descendent, qu'on établit les machines, qu'on dépose les matières extraites, qu'on pratique les chemins pour les ouvriers, pour le transport des produits.

Sous ce rapport, la surface est totalement et par la force des choses soumise à une sorte de servitude envers la mine qui, considérée comme enclave de la surface, jouit, en vertu de l'article 682 du Code civil, d'un droit de servitude sur cette surface.

Cette servitude, hâtons-nous de le reconnaître, prononce une déchéance exorbitante pour le propriétaire du sol, déchéance qui prend presque le caractère d'une spoliation à cause de l'ignorance dans laquelle se sont trouvés les propriétaires de la surface qui n'ont point discuté en temps opportun et comme le recommande la circulaire du ministre de l'intérieur, l'indemnité à laquelle ils ont droit et qui doit être une sérieuse compensation du dommage qu'ils éprouvent. Il y a là un abus grave, méritant considération; quant à nous, dont le seul devoir est d'interpréter la loi, nous devons nous borner à le signaler, en dégageant des principes les conséquences qu'ils comportent.

Pour définir en peu de mots le caractère de cette servitude, nous dirons que *la surface séparée du tréfonds n'est plus propre qu'à la culture dans les parties non exceptées de la servitude minière.*

Telle est la servitude que le législateur de 1810 a reconnue, organisée et limitée. (1)

Il l'a reconnue : Reportons-nous en effet, tout d'abord à la définition donnée par l'article 1er: des termes de cet article, il ressort que la substance minérale peut se trouver partout, tant à la surface que dans le tréfonds et que la mine étant concédée, le concessionnaire peut l'exploiter *partout où il la rencontre.* Mais c'est surtout l'article 8 combiné avec les articles 10 et 11 qui consacre de la manière la plus explicite le droit de servitude de la mine sur la surface. En effet, aux termes de l'article 10 :

« Nul ne peut faire des recherches pour découvrir

(1) La loi, nous le reconnaissons, garde le silence sur ce principe fondamental, mais nous rappelons ici que la loi de 1810 ne contient que des articles d'exécution, les rédacteurs ayant cru qu'il serait prudent de s'abstenir de toute disposition. (V. séance du Conseil d'Etat, 9 Janvier 1810).

» des mines, enfoncer des sondes ou tarières sur un » terrain qui ne lui appartient pas, que du consentement du propriétaire de la surface, ou avec l'autorisation du gouvernement, donnée après avoir consulté l'administration des mines à la charge d'une » préalable indemnité envers le propriétaire et après » qu'il aura été entendu. »

La première conséquence résultant de cet article, est que avec l'autorisation et moyennant une préalable indemnité, les exploitants concessionnaires ou simplement chercheurs de houille pourront toujours occuper la surface : en second lieu, si nous nous reportons à l'article 8, nous pourrons nous convaincre que ces travaux d'occupation reçoivent de la loi même le caractère de permanence, de perpétuité : cet article 8 porte en effet que les bâtiments, machines, puits, galeries et autres travaux établis à demeure sont immeubles conformément à l'article 524 du Code civil.

La conclusion n'est-elle pas à l'évidence que le concessionnaire d'une mine a le droit de s'établir définitivement à perpétuelle demeure sur la surface de la propriété qui lui a été concédée et par conséquent qu'il peut arriver à la libre disposition de tout le terrain compris dans tout le périmètre de l'exploitation : ce droit que nous appelons servitude a été qualifié de cette manière par la Cour de Cassation dans un arrêt solennel du 25 juillet 1862 dont nous extrayons les lignes suivantes :

« Attendu que les articles 43 et 44 de la loi du 21 » avril 1810, n'ont eu en vue que la fraction des indem» nités dues au propriétaire de la surface du sol, par

» suite de l'occupation temporaire ou définitive des » terrains sur lesquels le propriétaire de la mine est » autorisé à établir ses travaux, *en vertu de la servitude* » dont cette surface a été nécessairement grevée, à son » profit dans un intérêt général. etc. »

Le même arrêt ajoute un peu plus loin que le propriétaire de la mine, a le droit exorbitant de prendre possession de la propriété de la surface et de l'occuper plus ou moins de temps, sans qu'on puisse l'en empêcher. Rien d'ailleurs, ne peut entraver l'exercice de ce droit qui se trouve protégé par cet autre principe, de l'article 701 du Code civil.

« Le propriétaire du fonds, débiteur de la servitude » ne peut rien faire qui tende à en diminuer l'usage ou » à la rendre plus incommode. »

L'article II en limitant l'exercice de la servitude en pose peut-être plus formellement le principe.

« Nulle permission de recherches, porte-t-il, ni concession de mines, ne pourra sans le consentement » formel du propriétaire de la surface, donner le droit » de faire des sondes, ou d'ouvrir des puits ou galeries, » ni celui d'établir des machines ou magasins dans les » enclos murés, cours et jardins, ni les terrains attenant aux habitations ou clôtures murées, dans la distance de 100 mètres desdites clôtures ou habitations. »

De cette limitation, disons-nous, par un invincible argument *a contrario*, résulte la reconnaissance du droit de l'exploiteur ou du concessionnaire : il pourra en effet, sans le consentement du propriétaire, faire des sondes, ouvrir des puits ou galeries, établir des machines et des magasins sur tous les points de la surface, qui seront libres d'habitation ou d'enclos murés.

Enfin, un examen sérieux des articles 15, 43 et 44, et la discussion de leurs dispositions achèveront de démontrer que le législateur s'est attaché à organiser, à réglementer l'exercice de la servitude d'occupation.

Nous venons de voir la limitation que commandait le respect du domicile, et qui est apportée par l'article II au droit du concessionnaire, d'établir ses travaux à la surface. Quant aux travaux souterrains, quant à l'exploitation intérieure, cette limitation de l'art. II disparaît dans l'article 15.

ARTICLE 15.

« Il doit aussi, (l'exploitant ou le concessionnaire), » *le cas arrivant des travaux à faire sous des maisons* » *ou lieux d'habitation*, sous d'autres exploitations ou » dans leur voisinage immédiat, donner caution de » payer toute indemnité en cas d'accident : les deman- » des ou oppositions des intéressés seront, en ce cas, » portées devant les tribunaux et cours. »

C'est qu'en effet l'exploitation n'est pas libre de diriger et d'interrompre ce voyage souterrain, qu'elle poursuit à la recherche de la mine : elle est dominée par la direction ou l'allure des gisements ; elle doit cheminer avec eux, elle doit les épuiser, et cette obligation lui est imposée non-seulement par la force même des choses, mais encore par l'acte de concession. Toutefois, les constructions établies sur le sol étant exposées à subir des dommages, par suite de ces excavations souterraines, l'article 15 arme le propriétaire du sol du droit de se prémunir en exigeant la caution du paiement de l'indemnité en cas d'accident, indemnité qui lui est due conformément aux articles 1382 et 1384 du Code civil et qui devra être appréciée, fixée par le juge dans la mesure du préjudice souffert.

Telle n'est pas la véritable interprétation de la loi, nous objecte-t-on, avec la jurisprudence de la cour de cassation des années 1852, 1857, 1860.

On nous oppose que les articles 43 et 44 de la loi de 21 avril 1810, sont applicables à tous les dommages et accordent le double de tout préjudice causés par les travaux de mines sans distinction.

Cesi là une erreur que nous voulons réfuter: pour nous, les dispositions de ces deux articles ne s'appliquent qu'à *la servitude des mines:* loin d'accorder une double indemnité, l'indemnité qu'ils allouent est simple sur un réglement à forfait: en un mot ils sont la conséquence du principe que nous nous attachons à faire ressortir du commentaire de cette loi, à savoir que la surface est grevée d'un droit de servitude au profit de la mine: les art. 43 et 44 ont pour but de fixer l'indemnité due pour l'usage de cette servitude, mais ils ne visent rien au-delà. Le concessionnaire en exploitant la mine est chez lui, s'il cause un dommage à la surface, c'est par suite de sa négligence, de son impéritie, il commet un quasi-délit dont il doit alors réparation d'après les principes du droit commun. Cette solution d'ailleurs ressortira encore de l'analyse des deux articles 43 et 44.

Ces deux articles établissent au profit de la surface, si les travaux sont passagers, une indemnité double du produit net, et s'ils durent plus d'une année, ou endommagent le terrain d'une manière permanente, le droit pour le propriétaire du sol d'en exiger l'acquisition à un prix de double valeur avant l'exploitation de la mine, prix qui devra être déterminé selon le mode prescrit par la loi de 1807 sur le dessèchement des marais.

En présence de ces dispositions, l'interprétation que nous combattons et avec elle la cour de cassation concluent que ces deux articles ont eu pour but d'organiser les réparations d'un fait préjudiciable à autrui, de régler les dommages-intérêts mesurés à l'étendue des préjudices soufferts et si la loi punit le concessionnaire et le condamne à des dommages-intérêts doubles du préjudice souffert dans le cas où il a usé du droit qui lui est accordé par les articles 10 et 11, par *a fortiori* doit-elle lui faire subir le même sort lorsqu'il agit contrairement à son droit, lorsque par imprudence ou par ignorance, il se rend coupable d'un quasi-délit.

Telle n'est pas selon nous la véritable interprétation des articles 43 et 44: pour nous ces deux articles ont eu un autre but que celui de régler la réparation d'un préjudice souffert, et sont étrangers à toute idée de pénalité: ils se sont bornés à *réglementer l'exercice de la servitude d'occupation* créée en faveur de la mine dans ses relations avec la surface.

« Les propriétaires des mines, est-il dit dans le » § 1er de l'article 43, seront tenus de payer les indem- » nités dues au propriétaire de la surface *sur le terrain* » *duquel ils établiront leurs travaux.* »

Dès le début le législateur n'indique-t-il pas clairement sa pensée? Pour qu'il accorde l'indemnité ne faut-il pas la réalisation de cette condition: *établissement de travaux sur la surface* et non pas travaux poursuivis dans l'intérieur du sol. Sans toutefois exagérer l'importance de cet argument, rappelons cependant que ces expressions limitatives signalées plus haut ne sont pas une sorte d'inadvertance du législateur, c'est une addition réfléchie faite lors de la troisième rédaction.

Mais continue l'article 43:

« Si les travaux entrepris par les explorateurs ou » par les propriétaires ne sont *que passagers*, et si le » sol où ils ont été faits peut-être *mis en culture* au » bout d'un an, comme il l'était auparavant, l'indem- » nité sera réglée au double de ce qu'aurait produit » net le terrain endommagé. »

Les *travaux passagers* dont il s'agit, ne peuvent être que les travaux superficiels, car les travaux souterrains par lesquels le minerai est extrait de la terre sont par leur nature des travaux définitifs et enfin les champs mis en culture préoccupent seuls le législateur et cela s'explique s'il n'est question que de l'occupation de la surface, puisque l'article 11 protège de toute atteinte, sous ce rapport les enclos murés, cours et jardins, les terrains attenant aux habitations ou clôtures murées: cela est inexplicable si l'on veut parler des travaux permis par l'article 15 sous les maisons mêmes, ou lieux d'habitation qui devraient être à un degré bien plus éminent, l'objet de la préoccupation et de la protection du législateur.

Redressons en passant une interprétation fausse que nous avons signalée précédemment et qui est souvent proposée en ce qui concerne la nature de l'indemnité réglée par l'article 43.

On ne voit pas que cet article n'accorde pas une double indemnité, ni un double prix dans le sens légal du mot, et qu'il ne pose que les bases d'une juste indemnité ou d'un prix équitable du terrain indispensable à l'exploitation d'une mine. Il s'agit en résumé, d'une indemnité réglée au double du *produit net,* ce qui ne constitue en définitive qu'une *indemnité simple.*

Cette indemnité se proportionne si peu au dommage causé, qu'elle pourra très-souvent lui être inférieure et rester insuffisante pour le réparer : par exemple qu'une propriété formant un grand ensemble, vienne à être mutilée, coupée par des chemins, déshonorée par des puits, des installations de machines, des constructions, des dépôts de matières, le préjudice réellement causé ne dépassera-t-il pas et de beaucoup, le montant de l'indemnité réglée au double du produit net? Parfois même cette indemnité ne pourra-t-elle pas être dérisoire?

D'où nous concluons que loin d'imposer une double indemnité aux exploitants de mines, l'article 43 les protège contre le réglement d'une indemnité à dire d'experts en liant les tribunaux par une détermination fixe qu'ils ne peuvent modifier.

Si nous passons à l'examen de l'article 44, nous y trouvons une série de dispositions formulées dans des termes qui viennent complètement à l'appui des inductions que nous avons tirées de l'interprétation de l'article 43.

« Lorsque, dit cet article 44, *l'occupation des terrains* pour la recherche ou les travaux des mines » prive les propriétaires du sol de la jouissance du revenu au-delà du temps d'une année, lorsque les » terrains ne sont plus propres à la culture, on peut » exiger des propriétaires des mines, l'acquisition des » terrains à *l'usage de l'exploitation.* Si le propriétaire » de la surface le requiert, les *pièces de terre* trop » endommagées ou dégradées sur une trop grande » partie de leur surface devront être achetées en totalité » par le propriétaire de la mine. L'évaluation du prix » sera faite quant au mode, suivant les règles établies » par la loi du 16 septembre 1807 sur le dessèchement » des marais, titre XI : mais le *terrain* à acquérir sera » toujours estimé au double de la valeur qu'il avait » avant l'exploitation de la mine. »

Il s'agit bien encore de, l'occupation des terrains, c'est-à-dire de cette installation des travaux à la surface, si nous voulons consulter le sens naturel et légal des mots : et que l'on ne dise pas que certains dommages causés par l'exploitation souveraine ont un tel caractère de gravité, qu'ils entraînent la dépossession du propriétaire, nous répondons que c'est faire de l'analogie où tout est spécial et exceptionnel et où par conséquent l'analogie est *interdite.*

Si en outre nous considérons l'ensemble de l'article, partout il n'est question que de *terrains, de terrains qui ne sont plus propres à la culture, de pièces de terre endommagées.*

Ailleurs ce même article parle encore *des terrains à l'usage de l'exploitation* si l'on accepte les mots avec leur signification précise et exacte, si d'autre part on veut admettre que le législateur emploie un langage correct, il faudra bien reconnaître que ce qui constitue l'exploitation, ce sont précisément ces galeries creusées dans le sol, ces travaux intérieurs : alors on comprend bien qu'un chemin, un puits, un dépôt de matières soient à l'usage de l'exploitation, mais dire qu'une galerie intérieure est à l'usage de l'exploitation, c'est méconnaître le langage et abuser du sens des mots.

Enfin, comme l'indemnité au double du produit net de l'article 43, nous rencontrons ici non pas une réparation du préjudice et de véritables dommages-intérêts, mais un prix, un véritable prix de vente qui sera le double du terrain, *valeur avant l'exploitation,* un prix qui devra être déterminé suivant des formalités protectrices des intérêts des concessionnaires, le mode prescrit par la loi de 1807.

La fixation des indemnités dont nous venons de nous occuper, ayant pour base le double du revenu net de la valeur vénale du terrain, est donc exclusive de l'idée de dommage causé par le fractionnement de propriété, et après l'examen de ces divers textes nous croyons pouvoir affirmer que l'idée de dommages-intérêts et de préjudice causé par un quasi-délit devant être réparé et servir de mesure à la réparation est exclue des articles 43 et 44. Nous y trouvons la consécration d'une seule chose, la réglementation à forfait comme le disait la cour de Dijon, dans ses arrêts de 1854 et de 1856, du droit extraordinaire mais inévitable, accordé à la mine *d'envahir la surface, de la servitude legale d'enclave* déjà prévue pour une autre hypothése par l'article 682 du Code civil, avec cette différence toutefois qui vient encore justifier l'indemnité au double de l'acquisition forcée, que les tribunaux ne sont pas appelés à fixer l'occupation à l'endroit le moins dommageable comme les y autorise l'article 684; que le propriétaire de la mine sera libre de s'établir partout où le commanderont les nécessités de son exploitation, sans avoir à consulter les intérêts ou les convenances de la surface.

Qu'on ne dise pas toutefois que notre solution a pour conséquence de laisser le propriétaire de la surface à la merci des concessionnaires de la mine: telle n'est point notre pensée. En dehors des cas prévus et que nous venons d'examiner, nous disons que le droit commun pourra suffire.

La règle d'éternelle justice des articles 1382 et 1383, celle de l'article 1149, seront applicables aux abus d'un autre genre que la mine pourra commettre à la surface. Pour nous le concessionnaire de la mine exploite librement mais à ses risques et périls: si le toit s'ébranle ou s'écroule, si la surface en ressent les atteintes, *la faute sera présumée de plein droit,* il devra une réparation qui sera laissée à l'appréciation des tribunaux.

Ainsi se trouve établie cette distinction entre le cas où le propriétaire de la mine *exerce une servitude légale,* sort de chez lui, (art. 43 et 44) envahit la propriété d'autrui, et se soumet par là même aux réparations spéciales qu'a établies la loi où il puise son titre et le cas tout différent où il se concentre dans son domaine, où il se borne à l'exploiter comme il en a le droit et le devoir, mais où par un fait quelconque dans l'exploitation même de sa chose, il cause un préjudice à autrui.

L'existence d'un droit de servitude sur la surface au profit de la mine étant établie, il nous reste à déterminer l'étendue de cette servitude. Déjà nous avons énoncé plus haut que le droit du propriétaire de la surface se trouvait réduit à un simple droit de culture. Il nous est maintenant facile de le démontrer.

C'est de l'examen des articles 43 et 44 que nous avons dégagé le principe du droit de servitude créé par la loi sur la surface au profit de la mine : l'examen de ces mêmes articles nous permettra de dégager encore la pensée du législateur sur l'étendue de cette servitude.

Et d'abord, nous l'avons déjà observé, sur quoi est basée l'indemnité accordée au propriétaire de la surface en cas d'occupation de sa propriété? N'est-ce pas sur le produit net? N'est-ce pas encore lorsqu'il est privé de la jouissance de son revenu ou lorsque son terrain n'est plus propre à la culture qu'il peut exiger l'achat? Que conclure de là? Sinon que le législateur ne tient compte que du seul dommage causé à la culture. Telle est bien l'opinion que formulait le comte Fourcroy, lors de la discussion dans la séance du 10 octobre 1809 :

« L'article 5, disait-il, n'exige la concession que pour » l'exploitation de la mine et laisse le propriétaire » jouir du terrain, *le cultiver,* et en prendre la récolte » suivant les règles du droit commun. »

Rappelons, d'autre part, qu'aux termes de l'article

11 le concessionnaire ne peut établir les travaux d'exploitation dans les enclos murés, cours ou jardins, ni dans les terrains attenant à ces habitations ou clôtures murées dans la distance de cent mètres desdites clôtures ou habitations.

Cette restriction qu'imposait le respect du domicile doit toutefois être limitée, sous peine de voir réduire à néant le droit des concessionnaires: car si le propriétaire a le droit de bâtir où et quand il lui plaît sur le terrain de la surface concédée, ainsi armé par la loi du droit d'empêcher les travaux d'exploitation à la surface, il pourra, par une série de travaux combinés de manière à multiplier à l'infini ces rayons de cent mètres sur lesquels peut s'exercer sa prohibition il pourra, dis-je, entraver et même supprimer totalement le droit du concessionnaire. Telle n'a pu être la pensée du législateur de 1810, dont le désir manifeste était de faciliter la production d'une richesse nécessaire désormais à la vie de la nation; pour cela, il accorde au concessionnaire un droit considérable, exorbitant, je l'avoue; il exproprie la surface du droit sur le tréfonds, mais il l'indemnise et crée un droit de servitude sur cette surface; rien ne s'oppose à ce que l'acte de concession fixe l'indemnité pour cette expropriation partielle, mais la loi est formelle, le propriétaire de la surface n'a plus qu'un seul droit, celui de cultiver; s'il bâtit, ce sera à ses risques et périls. Ce principe, nous venons de le voir, ressort des dispositions des articles 11, 42 et 43; sa sanction se trouve inscrite dans l'article 30 ainsi conçue:

ARTICLE 30.

« Un plan *régulier de la surface*, en triple expédi-
» tion et sur une échelle de dix millimètres pour cent
» mètres sera annexé à la demande.

» Ce plan devra être dressé ou vérifié par l'ingé-
» nieur des mines, et certifié par le préfet du dépar-
» tement. » (1)

Ce plan régulier de la surface a pour but d'abord de déterminer l'étendue et les limites du périmètre superficiel de la propriété concédée, mais là ne se borne pas son utilité. Si en effet ce plan n'avait pour objet que de fixer les limites de la concession, à quoi servirait l'intervention de l'administration des mines, du chef de cette administration et du ministre, après que ces limites ont été définies dans l'acte de concession et fixées sur le sol même par une plantation de bornes, laquelle est constatée dans un procès-verbal de l'ingénieur des mines à la diligence du préfet. Mais toutes ces formalités ne paraissent point superflues si l'on considère que le législateur en exigeant la confection de ce plan s'est proposé un tout autre but.

(1) Si nous consultons à ce sujet l'instruction ministérielle du 3 Août 1810, nous y trouvons ce qui suit : « Les principaux motifs qui
» déterminent à accéder à une demande en concession sont : 1° La
» présence reconnue d'un minéral utilement exploitable ; 2° La cer-
» titude de moyens d'exploitation offerte par les localités ; 3° La
» faculté d'asseoir l'exploitation sur une étendue de terrain suffisante
» pour qu'elle soit suivie par les moyens les plus économiques. *Un*
» *plan de la concession reste joint* à la minute du décret. S'il y avait
» des changements à opérer en vertu du décret, ces changements
» seraient exécutés sous la surveillance de l'administration générale
» des mines, et *les plans seraient à cet égard certifiés par le chef de*
» *l'administration*, et visés par le ministre. »

En prescrivant la formation d'un *plan régulier de la surface*, le législateur indique sa volonté que tout ce qui existe sur la surface du terrain demandé en concession soit légalement constaté, non-seulement pour l'application de la loi de 1810, mais aussi pour l'application du titre XI de la loi du 16 Septembre 1807, attendu que la protection de la loi ne s'étend qu'à ce qui existait sur la surface de la mine au moment de la séparation des deux propriétés. En vérifiant ce plan, le propriétaire de la surface pourra en faire rectifier les erreurs et former opposition à la demande en concession si les indications des lieux réservés ne sont pas suffisantes ou s'il veut solliciter d'autres réserves que celles accordées par l'article 11 de la loi. On comprend bien l'intervention de l'administration des mines, du chef de cette administration et du ministre ; il y a lieu de constater les changements faits au plan d'une façon authentique et s'ils ne modifient pas d'une manière trop grave les conditions de l'exploitation future de la mine. Telle est l'utilité de ce plan qui, annexé à l'acte de concession, fixe irrévocablement la situation respective des deux propriétés, c'est-à-dire que le sol se trouve désormais voué *au statu quo* et que si le propriétaire de la surface veut établir des constructions sur le terrain non excepté de la servitude minière, il le fera à ses risques et périls sans avoir droit à aucune indemnité.

« Si telle était, s'écriait M. Dupin, dans des conclu-
» sions prises devant la cour de cassation, si
» telle était la conséquence d'une concession de mine,
» qu'elle imposât le *statu quo* à la superficie, il n'en
» résulterait pas seulement un dommage privé, mais

» tout le périmètre souvent très étendu d'une conces-
» sion de mine serait frappé de la même interdiction.

» Les habitations ne pourraient plus se multiplier et » s'agglomérer, on défendrait de construire une église » parce que le clocher chargerait trop la mine; d'éta- » blir le cimetière parce qu'il faudrait creuser le ter- » rain pour ensevelir les morts ; l'Etat serait destitué » du droit de sillonner ce territoire par des routes » nouvelles ; ce serait en un mot, le désert imposé » dans tout le périmètre de la concession, à moins » que pour chaque mine nouvelle les particuliers, les » communes, l'Etat ne vinssent demander à prix d'ar- » gent le consentement des concessionnaires qui exer- » ceraient ainsi une sorte de suzeraineté.

» Ou je m'abuse, continue le même orateur, ou telle » ne peut pas être la condition de ceux qui habitent » et exploitent le sol, c'est-à-dire de l'humanité tout » entière vis-à-vis des propriétaires souterrains des » mines. Loin que la surface leur soit assujettie en au- » cune façon, c'est au contraire la mine qui par le seul » fait de la situation des lieux est assujettie à toutes » les conséquences qui résultent de l'infériorité de cette » situation. »

Quelle que soit l'autorité de ces paroles, elles n'ébranlent point notre conviction et nous maintenons notre interprétation. N'en déplaise à M. Dupin, l'humanité tout entière ne se trouve pas asservie à la propriété souterraine : personne n'ignore que le bassin houiller n'occupe qu'un espace assez restreint pour que son épuisement apparaisse déjà comme un point noir à l'horizon de l'industrie. D'ailleurs, le périmètre de la concession ne sera point, quoiqu'il dise, transformé en désert, car le propriétaire de la surface y établira des constructions, mais il le fera à ses risques et périls et souvent sans dommage, car soucieux de ses intérêts, il choisira l'emplacement le plus solide, le moins ébranlé car aussi l'Etat peut dans l'acte de concession faire ses réserves pour l'établissement des routes (1), la commune pour le creusement des cimetières ou l'élévation de ses édifices : loin d'y voir un danger pour la société, nous y trouvons un obstacle à des spéculations fâcheuses qu'il serait impossible de prévenir ou de déjouer. Qui ne voit, si le système de M. Dupin recevait consécration que l'on cherchera les parties du sol les plus dangereusement minées, celles où la situation des gisements exploités a contraint les propriétaires de la mine de s'approcher le plus près de la surface et de laisser la croûte de terre la plus mince, celles qui ne peuvent évidemment supporter le fardeau de nouveaux édifices; qu'on y élèvera des constructions plus ou moins coûteuses : bientôt ces constructions s'ébranleront : il s'y manifestera des désordres prévus, elles s'écrouleront peut-être, et l'on viendra demander aux mines de payer de doubles dommages-intérêts, ou même de payer deux fois la valeur du sol, accrue de la valeur des constructions qu'on y aura élevées.

Le législateur n'a pu consacrer un droit aussi abusif. C'est pourquoi nous inspirant de sa pensée et de son désir manifeste de favoriser l'exploitation des mines, nous persistons avec conviction dans notre interprétation.

(1) Il a été jugé que l'Etat n'abdique pas ce droit dans l'acte de concession.

« Une mine disait l'Empereur dans la séance du
» conseil d'Etat du 8 avril 1809 est de la même na-
» ture qu'une carrière de pierres et un cours d'eau,
» lesquels appartiennent à celui dans le sol duquel ils
» se trouvent. »

Les carrières, on le sait généralement, appartiennent au propriétaire du terrain qui les renferme et ce propriétaire peut les exploiter librement sans permission ni formalités préalables, sauf sa soumission à la surveillance de l'administration. Lorsque le propriétaire d'une carrière en cède l'exploitation à un tiers moyennant un prix déterminé, il s'interdit naturellement de faire au-dessus de la carrière aucun travail qui puisse en paralyser ou restreindre le droit d'exploitation. Il s'interdit en conséquence d'établir sur la surface de cette carrière, des habitations, édifices, enclos, mines ou constructions quelconques nuisibles à l'exploitation cédée. Pourquoi n'en serait-il pas de même à l'égard d'une mine concédée, pourquoi le concessionnaire qui s'est engagé à payer une redevance au propriétaire de la surface ne serait-il pas dans la même position que l'acquéreur ou le fermier d'une carrière. Les droits de l'un et de l'autre sont certains, déterminés du jour de la vente de la carrière ou du jour de la concession de la mine : l'ancien propriétaire de la carrière n'a plus que les droits qu'il s'est réservés et l'ancien propriétaire de la mine n'a plus que les droits qui lui sont réservés par la loi ou par l'acte de concession : et certes si l'interprétation de la pensée du législateur doit être large, c'est bien plutôt en faveur du concessionnaire de la mine qui exploite dans l'intérêt social et avec l'obligation de fournir toujours et sans trêve aux besoins du consommateur, qu'en faveur de l'exploiteur de carrières qui travaille à sa guise et dans son intérêt personnel.

Après avoir déterminé par l'intepretation des textes ces deux caractères du droit de concession, *séparation horizontale des deux propriétés* et *droit de servitude du tréfonds sur la surface* nous signalerons un troisième attribut de cette *propriété nouvelle* créée par l'acte de concession et que lui assigne l'article 7 de notre loi, ainsi conçu :

ARTICLE 7.

« L'acte de concession donne la propriété perpé-
» tuelle de la mine, laquelle est dès lors disponible et
» transmissible comme tous autres biens et dont on
» ne peut être exproprié que dans les cas et selon
» les formes prescrites pour les autres propriétés
» conformément au Code Napoléon et au Code de
» procédure civile. Toutefois une mine ne peut-être
» vendue par lots ou partagée sans une autorisation
» préalable du gouvernement donnée dans les mêmes
» formes de la concession. »

L'acte de concession confère donc la propriété de la mine à perpétuité et cette propriété est placée sous l'égide du droit commun : toutes les dispositions du Code civil et du Code de procédure s'y appliquent sauf en ceci qu'elle ne peut être partagée ni vendue par lots sans une autorisation du gouvernement. Et lorsque cet article ajoute que l'on ne peut être exproprié de la propriété des mines que dans les cas et selon les formes prescrites pour les autres propriétés, conformément au Code Napoléon et au Code de procédure civile, la loi ne fait qu'exprimer la pensée de Napoléon qui voulait qu'il fût bien déclaré :

« Qu'on ne peut jamais considérer le mineur comme » un simple concessionnaire qu'un simple décret dé» pouille, bien au contraire comme un particulier » qui ne perd sa propriété que comme le propriétaire » d'un champ, d'une maison perd la sienne. »

De ce qui précède, il résulte bien que la propriété de la mine est non-seulement perpétuelle, mais qu'elle est aussi revêtue d'un caractère d'inviolabilité: par suite les principes généraux qui n'autorisent l'expropriation pour cause d'utilité publique que sous la condition d'une juste et préalable indemnité seront applicables de tout point aux propriétés souterraines aussi bien qu'aux propriétés superficielles: c'est ce qui a été reconnu par un arrêt de la cour de cassation du 3 mars 1841, affaire Allimand contre chemin de fer de Saint-Etienne, duquel il résulte que l'on doit assimiler à une expropriation ou éviction pour cause d'utilité publique donnant lieu à une indemnité à la charge de celui qui en profite, l'interdiction d'exploitation d'une partie de la mine que prononce l'autorité administrative, dans l'intérêt de la sûreté des travaux d'utilité publique pratiqués à la surface postérieurement à la concession de la mine faite sans aucune réserve.

Du principe que la propriété des mines est entre les mains des concessionnaires disponible et transmissible, comme les autres biens, il suit naturellement que comme la propriété ordinaire et par application de l'art. 544 du Code Napoléon, elle peut être l'objet d'une vente, d'un échange, d'une donation, qu'elle se prête en un mot à tous les modes de translation à titre gratuit ou onéreux que distingue le droit civil.

« A part la nécessité de la concession, disait l'em» pereur dans la séance du 22 mars 1806 (Locré, t. 9, » p. 143), la propriété des mines doit rentrer entière» rement sous le droit commun : il faut qu'on puisse » les vendre, les donner les hypothéquer, d'après les » mêmes règles qu'on aliène ou qu'on engage une » ferme, une maison, en un mot un immeuble » quelconque. »

Observons toutefois qu'une importante restriction est apportée par le même article 7, en ce qui concerne la faculté de disposer. Le législateur voulant qu'une mine, dont l'exploitation exige des vues d'ensemble et un système de travaux convenablement coordonnés, ne formât pour ainsi dire qu'un seul corps indivisible, prohibe la division de cette propriété dont il veut maintenir l'unité, et en conséquence il déclare qu'une mine ne peut être vendue par lots ou partagée sans une autorisation préalable du gouvernement, donnée dans la même forme de la concession.

Lorsqu'une demande de cette nature est soumise au gouvernement, l'administration doit ainsi que le portait l'instruction ministérielle du 3 août 1810, examiner :

1° Si la mine concédée est susceptible de division sans inconvénient.

2° Si chacun des copartageants qui deviendrait propriétaire de partie d'une mine, aurait les facultés nécessaires pour suivre les travaux à faire dans chacune des parties, et acquitter les charges qui seraient affectées proportionnellement à chaque portion.

La demande en partage doit-être adressée au préfet, avec les plans de la surface et ceux des travaux intérieurs avec les extraits des rôles d'imposition, certifiant les cotes de chacun des demandeurs, avec les avis des autorités locales sur leurs moyens et facultés: les ingénieurs émettent leur opinion sur la possibilité de la division en conservant des exploitations utiles, et fournissent au point de vue des deux hypothèses, soit du refus, soit de l'obtention, toutes les lumières sur l'état de la mine, et sur les travaux qui devront avoir lieu; le préfet donne ensuite son avis, et adresse le tout au ministre, et il intervient un réglement d'administration publique, délibéré en conseil d'état sur la demande. Ajoutons d'après l'instruction précitée que si la demande en division est admise, l'ordonnance détermine le mode de partage, les travaux à exécuter pour chacun des copartageants et la partie des charges et redevances qui leur sont imposées. Chacun jouit ensuite de son lot comme s'il eût été originairement concessionnaire.

Droit des concessionnaires, de louer leur mine.

De même que le concessionnaire a le droit de vendre sa mine à un tiers, de même il doit jouir selon nous du droit de la louer avec cette restriction toutefois, que celui qui prend une mine à bail, n'acquérant par ce contrat aucun droit réel, c'est le concessionnaire qui reste responsable de l'exploitation vis à vis des tiers et de l'État. (1) Il nous paraît toutefois que l'amodiation partielle d'une mine sans autorisation du gouvernement est interdite. L'interprétation contraire, nous paraît violer l'esprit de l'article 7 qui a voulu garantir l'unité de l'exploitation : ajoutons qu'un pareil contrat serait en opposition formelle avec l'article 7 de la loi du 27 avril 1838, qui soumet les concessionnaires à justifier sous peine de suspension de tout ou partie des travaux, qu'il est pourvu par une convention spéciale, à ce que les travaux soient soumis à une direction unique et coordonné dans un intérêt commun. Enfin un arrêt de la cour de cassation du 4 janvier 1844, confirme notre interprétation.

Droit des concessionnaires d'abandonner un quartier de leur exploitation et de suspendre provisoirement l'exploitation.

Nous verrons au chapitre des obligations des concessionnaires, qu'en vertu du principe de surveillance établi par le titre V de la loi du 21 avril 1810, le concessionnaire d'une mine ne peut abandonner un champ d'exploitation, sans une autorisation préalable donnée

(1) Le droit d'enregistrement est de 2 % comme pour les ventes mobilières d'après la doctrine de la cour de cassation qui voit dans le louage d'une mine, une vente de meubles. Nous avons au contraire démontré que la concession accorde la propriété du tréfonds séparé de la surface : par conséquent, si le contrat comprend non pas telle quantité de matières extraites ou à extraire, mais la jouissance à forfait de toute la mine, il y a bail ou louage et point vente. Il faut donc le reconnaître, c'est le droit de 20 centimes par 100 francs sur le prix accumulé de toutes les années et non 2 % que devrait payer à la régie un tel contrat.

par l'administration. De ce devoir résulte un droit pour le concessionnaire, celui de l'abandon du quartier épuisé ou dangereux, lorsqu'il a obtenu l'autorisation administrative à cet égard, comme aussi celui de suspendre provisoirement tout travail à l'intérieur de sa concession, lorsque par suite des circonstances locales, il n'en doit résulter aucune lésion pour les intérêts des consommateurs et que l'autorisation administrative lui a aussi été accordée. Dans ces deux cas, le propriétaire de la surface ne serait point admis à réclamer contre la suspension des travaux qui le priverait du paiement de la redevance, car à l'autorité administrative seule, il appartient de décider si tel champ d'exploitation est épuisé et peut être abandonné comme aussi de prononcer sur la nécessité et l'opportunité des chômages. (1)

Ces deux droits pour le concessionnaire résultent implicitement des prescriptions de l'article 49 portant que dans le cas où une exploitation serait restreinte ou suspendue, de manière à inquiéter les besoins des consommateurs, il y sera pourvu par le ministre; d'où il suit par *a contrario* que le ministre pourra autoriser la restriction ou la suspension des travaux lorsque les circonstances mentionnées par l'article 49, n'existeront pas.

Extension de concession,

Lorsque le gouvernement accorde une concession, il fixe l'étendue du périmètre pour l'exploitation de la

(1) V. Ordonnance du 5 Juillet 1826 rendue au contentieux dans l'affaire Jovin contre Chol et un arrêt de la Cour de Lyon du 3 Juin 1841 (Michel) S. D. 4. 2. 623.

mine, suivant les circonstances locales, de manière à y asseoir une concession viable. Mais s'il existe en dehors du périmètre concédé, des ramifications ou appendices du gîte exploité par le concessionnaire, qui n'ont encore été concédés à personne, le concessionnaire peut les obtenir à titre d'extension de concession, si le gouvernement juge qu'il y a avantage pour l'intérêt général et que le demandeur possède des titres suffisants à cette extension.

D'un autre côté, si en dehors du périmètre concédé se trouvent des terrains stériles sur lesquels le concessionnaire se trouve conduit à ouvrir un travail d'art, une galerie d'écoulement, par exemple, si dans ce cas le propriétaire de la surface située en dehors de la concession se refuse à tout arrangement pour l'établissement des travaux le concessionnaire pourra former une demande en extension de concession que le gouvernement ne pourra lui refuser, s'il en reconnait l'utilité.

Renonciation à une concession. Réduction de concession.

Si une portion du périmètre concédé est entièrement stérile et ne fait ainsi que constituer une charge onéreuse pour les concessionnaires, ils peuvent demander une réduction de concession au pouvoir qui a créé leur titre: de plus, s'ils jugent que leur périmètre entier est épuisé ou qu'il n'est pas susceptible d'une exploitation avantageuse, ils pourront demander le retrait de la concesssion. C'est ce qu'a prévu l'instruction ministérielle du 3 avril 1810, qui s'exprime en ces termes :

« Lorsqu'un concessionnaire sera déterminé à abandonner l'exploitation d'une mine ou minière concédée, il devra en prévenir l'administration au moins trois mois d'avance, afin qu'elle puisse prendre et prenne les mesures convenables pour conserver une connaissance exacte de l'état des travaux et qu'il soit pourvu aux moyens de sûreté et de conservation qui seront jugés nécessaires. Dans tout état de choses, une expédition du procès-verbal de description du plan avant l'abandon de l'exploitation doit être déposée aux archives de la préfecture, une autre à celles de l'administration des mines pour y avoir recours au besoin.

« Sans cette précaution, il serait dans tous les temps plus difficile et plus dangereux de reprendre l'exploitation, et il est utile pour celui même qui l'abandonne que d'autres puissent en tenter l'entreprise, et l'indemniser de la valeur des travaux et machines qu'il y aurait laissés : cela est intéressant d'ailleurs pour les propriétaires des terrains à raison des droits qui pourraient leur avoir été attribués en vertu de l'article 6 de la loi et à raison de la sécurité qu'ils ont droit de réclamer pour la conservation de leurs propriétés. »

Les règles de la matière conduisent d'ailleurs tout naturellement à y appliquer les formalités en usage pour l'instruction des demandes en concession. Ainsi le propriétaire du sol, par exemple, qui a droit à une redevance sur les produits de la mine concédée, pourra vouloir réclamer contre la réduction ou le retrait de concession qui menace de le priver de cette redevance : il faudra donc recourir aux moyens de publication que nous déterminerons ultérieurement pour la demande en concession : car outre que le propriétaire du sol devra être entendu, outre que l'intérêt général exige que des spéculateurs plus hardis puissent être informés de l'abandon de la concession, les mines étant susceptibles d'hypothèques comme la propriété foncière, il faut que les créanciers hypothécaires soient entendus, et qu'ils consentent à l'amoindrissement ou au retrait de la concession qui leur sert de gage.

Tel est le principe posé par la circulaire du 30 novembre 1834 dans le passage suivant : (1)

« Indépendamment de cette publicité donnée à la » demande, il faut pour que la renonciation à la totalité ou à une partie de la concession puisse être acceptée par le gouvernement, que le concessionnaire » justifie que la mine n'est pas devenue le gage d'autrui » et qu'à cet effet, il produise un certificat du conservateur des hypothèques, constatant qu'aucune inscription n'existe sur cette mine, ou du moins le » consentement des personnes inscrites à lever leurs » hypothèques, ou à les restreindre à la portion du » gîte qu'il entend conserver. »

Conformément à ces instructions l'administration a fait insérer l'article suivant dans le modèle des clauses à insérer dans les actes de concessions, lequel est joint à la circulaire du 8 octobre 1843 : (2)

(1) Annale des mines 3me série t. VI p. 598,

(2) Annales des Mines, 4e série, t. IV, p. 830,

« Si le concessionnaire veut renoncer à la totalité » ou à une portion de la concession, il s'adressera par » voie de pétition au préfet, six mois au moins avant » l'époque à laquelle il aurait l'intention d'abandonner » les travaux de ces mines, et il joindra à ladite pé- » tition :

« 1° Le plan et l'Etat descriptif de ses exploita- » tions ;

» 2° Un certificat du conservateur des hypothèques, » constatant qu'il n'existe point d'inscriptions hypo- » thécaires sur la concession, ou dans le cas contraire, » un état de celles qui pourraient avoir été prises.

» Lorsque ces pièces auront été fournies, la pétition » sera publiée et affichée pendant quatre mois dans » les lieux et suivant les formes déterminées par les » articles 23 et 24 de la loi du 21 avril 1810 pour les » demandes en concession de mines.

» Les oppositions, s'il s'en présente seront reçues et » modifiées dans les formes déterminées par l'article 26 » de la même loi.

« La renonciation ne sera valable que lorsqu'elle » aura été acceptée, s'il y a lieu, par une ordonnance » délibérée en Conseil d'Etat. »

Tant que la demande n'a pas été acceptée par un acte du gouvernement, le concessionnaire reste maître de la retirer et de reprendre ses travaux, ainsi que cela a été reconnu par la circulaire du 15 Novembre 1848. (1)

« Tant que la renonciation, y est-il dit, n'a pas été

(1) Annales des mines. 4e série, t. XIV, p. 637

» acceptée par une décision de l'autorité administra-
» tive, la concession subsiste ; le concessionnaire n'en
» est point dépossédé. Il est donc libre de conserver le
» gîte s'il y trouve son intérêt. »

Et plus loin, en recommandant, quand on publie une déclaration de renonciation, d'avoir soin d'énoncer dans les affiches que cette déclaration n'aura d'effet que lorsqu'elle aura été acceptée s'il y a lieu, par un acte rendu dans les mêmes formes que la concession, cette circulaire a voulu éviter à ce sujet, toute méprise semblable à celle qui eut lieu dans le Pas-de-Calais, à l'occasion des mines de houille de Ferques.

Les commissaires liquidateurs de la Société des mines de Ferques avaient formé le 22 Octobre 1843, une demande en renonciation qui fut soumise aux affiches et publications. Pendant l'instruction, un propriétaire du sol qui faisait des fouilles pour rechercher de la marne, découvrit un gîte de houille dans le périmètre des mines de Ferques, et croyant la concession éteinte par la déclaration de renonciation, il organisa sous le nom de compagnie de Leulinghen, une Société qui demanda la concession de ces mines ; d'autres demandeurs se présentèrent aussi pour l'obtention de cette concession. Sur ces entrefaites, les commissaires liquidateurs de ladite Société retirèrent leur demande en renonciation et poursuivirent plusieurs propriétaires du sol devant le tribunal de Boulogne, pour exploitation illicite de houille dans le périmètre de Ferques.

Le tribunal jugeant qu'il y avait là une question préjudicielle toute du ressort administratif sursit à prononcer sur la plainte. La cour de cassation confirma cette décision par arrêt du 6 juin 1846 : l'instruction de l'affaire se poursuivit alors devant l'autorité administrative et une décision du ministre des travaux publics du 21 juin 1847 a ordonné qu'il serait procédé aux affiches et publications de la déclaration des commissaires liquidateurs de la société de Ferques, portant qu'ils se désistaient de leur première renonciation, laquelle se trouvait dès lors considérée comme non avenue.

Droit des concessionnaires en cas de retrait de la concession.

Les articles 6, 9 et 10 de la loi du 27 avril 1838 prévoient plusieurs cas où le concessionnaire pourra voir prononcer contre lui le retrait de la concession dans les formes prescrites par l'article 6 de cette loi. Lorsque le retrait de la concession a été prononcé, un triple droit s'offre pour le concessionnaire déchu. Il peut en effet :

1° Recourir au chef du gouvernement en conseil d'Etat par la voie contentieuse ;

2° Jusqu'au jour de l'adjudication arrêter les effets de la dépossession, en payant toutes les taxes arriérées et en consignant la somme qui sera jugée nécessaire pour sa quote part dans les travaux restant à exécuter.

3° Après l'adjudication, en réclamer le prix, déduction faite des sommes avancées par l'Etat et sauf, s'il y a lieu, distribution judiciaire par ordre d'hypothèques. De cette dernière conséquence nous pouvons conclure que le retrait de concession ne constitue pas une déchéance contraire au caractère imprimé à la propriété des mines par l'article 7 de la loi du 21 août 1810, mais plutôt une sorte d'expropriation pour cause d'utilité publique.

En considérant toujours les mines comme rentrant ans la classe des biens ordinaires, nous avons maintenant à examiner comment il y a lieu de leur appliquer d'après la législation spéciale qui les régit, la distinction que fait le droit commun entre les meubles et les immeubles. Or, à cet égard, le point de départ est, suivant l'article 8 de la loi du 21 avril 1810, que les mines sont immeubles : et le législateur dans cette disposition les envisage avant leur extraction, puisque dans l'article suivant, il est dit au contraire que « sont » meubles les matières extraites. »

La nature même des mines, exigeait cette classification qui fournit de plus un moyen de crédit à ceux qui les exploitent, en rendant les mines susceptibles d'hypothèques. L'article 8 ajoute dans le second § :

« Sont aussi immeubles, les bâtiments, machines, » puits, galeries et autres travaux établis à demeure, » conformément à l'article 524 du Code Napoléon. »

« Sont immeubles par destination les chevaux, agrès, » outils et ustensiles servant à l'exploitation. »

En présence de ces dispositions on peut se demander si le vendeur de ces effets mobiliers non payés et devenus immeubles conserve sur eux le privilège accordé par l'article 2102 n° 4 du Code civil.

Nous croyons devoir distinguer l'hypothèse où ces effets mobiliers deviennent immeubles par leur nature et celle où ils sont immobilisés par la destination. Dans la première hypothèse, celle que vise le second paragraphe de l'art. 8 les effets mobiliers étant sortis de la classe des meubles pour se confondre avec l'immeuble auquel ils adhèrent et dont ils prennent la nature, le privilège est incontestablement éteint: le vendeur créancier ne peut plus exercer son droit de préférence puisque ces effets n'existent plus même à son égard, à l'état de meubles. C'est dans ce sens que la cour de Bruxelles a décidé en 1848 que le privilège du vendeur d'objets mobiliers, immobilisés par incorporation à un immeuble, est éteint vis-à-vis des créanciers hypothécaires inscrits sur cet immeuble et que la Cour de Paris a refusé l'exercice du privilège accordé au vendeur à des ouvriers qui avaient vendu et mis en œuvre des bois et des planches employés à des constructions par eux faites pour le compte d'un locataire.

Par application de ces principes nous ne pouvons reconnaître au constructeur d'une machine à vapeur ou autre, le droit d'exercer le privilège du vendeur sur les objets mobiliers par lui livrés et immobilisés par incorporation à la mine.

Dans la seconde hypothèse, lorsqu'il s'agit non point d'objets attachés et inhérents à une propriété immobilière, mais simplement immobilisés par destination, nous admettons que le privilège du vendeur subsiste pour le cas où il se trouve en présence de créanciers chirographaires. Mais telle ne sera plus notre solution, si le vendeur se trouve en présence de créanciers auxquels l'immeuble accru par l'immobilisation aurait été affecté hypothécairement. Le privilége du vendeur ne doit pas l'emporter sur une hypothèque qui de sa nature s'étend aux améliorations et augmentations faites à l'immeuble et les affecte avec l'immeuble lui-même. (C. C. art: 2118, 2133). (1).

« Peut-être, écrit M. Paul Pont (2), examinant cette » question, à une époque où l'industrie prend néces- » sairement des développements nouveaux, serait-il » bien pour seconder cette tendance, qu'une excep- » tion fût admise dans l'intérêt des fabricants de » machines qui, achetées à terme sont ensuite incor- » porées à des bâtiments. Le législateur belge a » compris cela à merveille, lorsque tout en consacrant » la jurisprudence, qui prive de tout effet, le privilége » du vendeur d'objets mobiliers, dans le cas où ces » objets sont devenus immeubles par incorporation ou » par destination, il a voulu qu'il en fût autrement pour » les machines et appareils employés dans les établis- » sements industriels, et a déclaré que pour ces objets, » le privilége serait maintenu pendant deux ans, à » partir de la livraison. Mais nous n'avons dans notre » code aucun texte, sur lequel une pareille distinction, » puisse être asssise. Il en doit donc être chez nous de » l'immobilisation des machines, comme de l'immobi- » lisation de tout autres objets mobiliers, relativement » à ses effets sur le privilége du vendeur. »

Quant au troisième paragraphe, aux termes duquel

(1) Rouen, 22 mai 1811. — Bruxelles, 10 mai 1833. — Caen, 1er août 1837. — Rej. 24 mai 1842.

(2) Art. 1654 et suiv.

sont immeubles par destination les chevaux, agrès, outils et ustensils servant à l'exploitation, la loi elle-même a pris soin de limiter la portée de cette disposition en spécifiant que l'on ne doit entendre par chevaux attachés à l'exploitation que ceux qui sont attachés exclusivement aux travaux intérieurs de la mine. De cette restriction il doit être déduit, par exemple, qu'il n'y a pas lieu de qualifier d'immeubles par destination, les chevaux qui servent à transporter hors du lieu de l'exploitation, les matières extraites. Il est en effet, impossible de faire rentrer ce genre de services au nombre des travaux intérieurs de la mine: ce n'est même là qu'un travail secondaire qui ne se rattache pas essentiellement à l'exploitation, mais qui en est parfaitement distinct et sans lequel, elle n'en suivrait pas moins son cours. C'est dans ce sens que l'entendait M. Stanislas Girardin lorsqu'il disait dans son rapport, que:

« Les chevaux employés dans les travaux inhérents » à l'exploitation, mais dans des services secondaires, » ont été réputés meubles. »

Ajoutons toutefois, que la disposition qui vient d'être interprétée, bien qu'elle ne parle nominativement que des chevaux, devra s'étendre en général à toute autre bête de somme que l'on emploierait aux travaux: sous ce rapport elle ne doit être considérée que comme énonciative.

Les sociétés de mines sont-elles civiles ou commerciales? Forment-elles des personnes morales?

Le dernier paragraphe de notre article 8, nous amène à traiter une question des plus controversées en thèse générale, mais qui se trouve facilement résolue par les textes spéciaux relatifs à notre matière ; ce paragraphe est ainsi conçu :

« Néanmoins les actions ou intérêts dans une société » ou entreprise pour l'exploitation des mines seront » réputés meubles conformément à l'article 529 du » Code civil. »

S'il est une entreprise qui excède et dépasse les forces individuelles, c'est assurément celle qui a pour objet l'exploitation d'une mine, aussi a-t-on vu presque toujours les concessionnaires recourir à l'association, comme à un moyen nécessaire pour la mise en action, et le succès de l'entreprise. Et par cela même, la question se pose immédiatement de savoir, quel est le caractère de ces sortes d'associations : Sont-elles civiles ou commerciales? Constituent-elles un être moral existant en dehors de chaque associé?

La société civile reste soumise, quant à sa formation, au droit commun qui régit la généralité des contrats. Pour la perfection du contrat, aucune condition de forme n'est requise, ni la rédaction d'un écrit, ni l'emploi de certaines paroles, ni la remise des objets : le consentement nu suffit à la perfection de la convention. Au contraire, quant aux sociétés de commerce, le code de commerce modifié ultérieurement par la loi du 24 juillet 1867, a organisé un système complet de publicité dont l'objet est de porter à la connaissance des tiers l'existence de la société et de sa constitution. De plus, à la différence des sociétés commerciales, les sociétés civiles ne forment pas des personnes morales ou juridiques, ayant une existence propre et distincte de la personnalité individuelle des associés, à moins qu'elles n'aient été établies et qu'elles ne fonctionnent sous l'une des trois formes propres au commerce. Les conséquences de ce caractère sont les suivantes :

La propriété des objets composant le fonds commun réside sur la tête des divers associés qui sont, chacun individuellement, copropriétaires de ces objets dans la proportion de leurs mises. Chaque associé peut donc, sauf les effets du partage, hypothéquer pendant la durée de la société, sa part indivise dans les immeubles communs. La part de chaque associé dans une société, dont le fonds commun comprend des immeubles, constitue, en ce qui concerne ces immeubles, un droit immobilier : Ainsi cette part ne tombe point dans la communauté légale, et d'un autre côté elle serait comprise dans un legs de tout ou partie des immebles. Les associés doivent figurer en nom propre et individuel dans les instances relatives aux affaires sociales. Ils ne seraient pas à considérer, comme ayant été dûment représentés par l'associé administrateur qui aurait seul figuré dans les actes de la procédure. Mais les tiers qui ont des intérêts à débattre avec la société, ne sont pas obligés d'assigner tous les associés ensemble : ils peuvent diriger leur action contre quelques-uns d'entre eux seulement, sauf à ne provoquer de condamnation contre chacun d'eux, que pour sa part et portion virile.

Les associations pour l'exploitation des mines, reçoivent-elles les caractères que nous venons de signaler? Sont-elles des sociétés civiles? Constituent-elles des personnes morales? L'article 32 de notre loi de 1810, s'exprime à cet égard en termes formels :

ARTICLE 32.

« L'exploitation des mines n'est pas considérée » comme un commerce et n'est pas sujette à patente. »

Cette disposition de la loi est une assimilation de plus de la propriété des mines, avec la propriété immobilière, elle est à cet égard, corrélative avec les articles 7 et 8, et rentre essentiellement dans l'esprit général de la loi. Toutefois, il y avait sur ce point une controverse qui subsisterait peut-être encore si notre article 32 avait été maintenu tel qu'il fut d'abord proposé. En effet, dans les termes du projet, cet article tout en affranchissant l'exploitation des mines de la patente, pouvait cependant donner à penser que cette exploitation n'en serait pas moins *un commerce.*

« L'exploitation des mines disait-il, ne sera pas con» sidérée *comme un commerce sujet à patente.* » Mais la rédaction définitive ci-dessus reproduite a été plus explicite et plus claire. Elle affirme tout à la fois, et que l'exploitation d'une mine n'est pas sujette à patente, et qu'elle n'est point considérée comme un commerce. Par elle-même, elle permet donc de conclure que la société dont une telle exploitation est l'objet, a un caractère purement civil. Toutefois, si quelques doutes subsistaient à cet égard, ils s'évanouiraient devant les observations de la commission du corps législatif qui en proposant la rédaction destinée à remplacer celle du projet, disait :

« Cette rédaction est proposée pour plus grande » clarté. Elle fera cesser les contestations qui s'élèvent » fréquemment sur la question de savoir si les sociétés » qui exploitent une mine sont de la compétence des » tribunaux de commerce. La mine étant une propriété » foncière, le particulier ou la société qui l'exploite fait » valoir son héritage et rien de plus. Il faut donc » exprimer clairement qu'il n'y a pas lieu à le traduire, » devant les tribunaux de commerce. »

Plus tard, le rapporteur au corps législatif, le comte de Girardin, s'exprimant en ces termes sur le même objet disait :

« L'exploitation des mines n'est pas considérée » comme un commerce et n'est point sujette à pa- » tente. Cette déclaration était nécessaire pour fixer » la compétence des tribunaux ordinaires, et soustraire » les sociétés formées pour l'exploitation des mines » à l'empire du Code de commerce, à la solidarité des » dettes et à la contrainte par corps. »

Nous conclurons donc qu'en règle générale, les Sociétés formées pour l'exploitation des mines sont des Sociétés civiles, sauf pourtant une exception importante : cette exception tient à ce qu'aucune forme d'association n'est particulièrement interdite aux exploitants de mines, ainsi qu'il résulte des articles 13 et 8 d'où il suit que les exploitants peuvent contracter l'une quelconque des formes de Sociétés commerciales.

Après avoir examiné le contrat de Société dans son

objet et en avoir fait sortir la division en Société civiles et commerciales, une question non moins grave se présente à notre examen, touchant l'organisation même de la société qui a pour objet l'exploitation d'une mine concédée.

La société forme-t-elle une personne morale, distincte de la personne des associés et sur laquelle les intérêts communs viendraient se grouper, toutes les charges et tous les droits étant concentrés sur sa tête? Cette question qui est l'objet d'une controverse connue en ce qui concerne les sociétés civiles et commerciales ne doit pas nous arrêter longtemps, car s'il est établi selon nous, que la société civile ne forme pas une personne morale, nous n'hésitons pas non plus à reconnaitre que cette solution ne s'applique pas aux Sociétés organisées en vertu de la loi de 1810. Cela ressort des termes du dernier paragraphe de l'article 8 que nous avons cité plus haut, et qui assimile les Sociétés formées pour l'exploitation des mines concédées aux compagnies de finances ou d'industrie, conformément à l'article 529 du Code civil. Quand la société ne possède que des biens et valeurs mobiliers, il ne peut pas y avoir de doute sur la nature mobilière de ce droit; mais quand des immeubles appartiennent à la compagnie, l'objet du droit et par conséquent le droit lui-même peuvent paraitre meubles ou immeubles selon le point de vue différent où l'on se place.

En effet, on pourrait considérer chaque associé comme étant copropriétaire pour sa part des immeubles acquis par la société, et dire que son droit ayant pour objet une partie de l'immeuble, est lui-même immeuble d'après l'article 526. Mais tel n'est pas le point de vue de la loi : Le législateur a considéré que le but définitif et le véritable objet de ces sortes de sociétés c'est de gagner de l'argent en exploitant ses immeubles : en un mot quels que soient l'état actuel des choses et la nature des biens formant l'actif social, chaque associé ne voit et n'attend jamais que de l'argent. En conséquence la loi considérant la compagnie comme une personne morale, un être de raison distinct de chacun des sociétaires, ne regarde qu'elle comme propriétaire des immeubles, et elle envisage chaque associé comme ayant contre la société le droit de demander un dividende mobilier, un *droit ad pecuniam*, une simple créance d'argent.

De ce point de vue qui est en effet plus conforme à la réalité des choses, l'article 529 déclare que les actions ou intérêts seront meubles à l'égard de chaque associé seulement. Il ajoute qu'il n'en est ainsi que tant que dure la société : c'est qu'en effet, quand la société est dissoute, les immeubles, s'il en existe, ne peuvent plus appartenir à une personne morale qui n'existe plus. De cette théorie, il résulte qu'un associé ne peut ni aliéner, ni hypothéquer une part de la mine proportionnelle à son droit : il peut seulement céder son action, sa créance. De même ses créanciers ne peuvent saisir et exproprier une partie des immeubles, mais seulement pratiquer une saisie arrêt sur cette même créance : quand aux créanciers de la société, il est clair qu'ils peuvent recevoir hypothèque de leur débitrice, propriétaire des immeubles et les exproprier contre elle, soit par vente de cette hypothèque, soit sans hypothèque. De là encore cette autre conséquence au point de vue de la fiscalité que par exemple, la cession qui serait faite de ses actions, ou intérêts par un actionnaire à un tiers, ne donnerait lieu qu'à la perception du droit de mutation fixée pour les aliénations de meubles encore bien que cet acte porte que les actions cédées représentent une portion déterminée de la propriété des mines, des emplacements, terrains et bâtiments qui en dépendent.

Si l'on considère que le législateur en déclarant meubles les actions ou intérêts dans les compagnies de mines a voulu faciliter la circulation de ces valeurs on arrive à cette conclusion que dans la pensée du législateur ces valeurs sont cessibles de leur nature. Il y aura donc lieu d'écarter en ce qui les concerne l'application de l'article 1861 C. civ. qui porte qu'un associé ne peut sans le consentement de ses associés, associer une tierce personne à la société, lors même qu'il en aurait l'administration. Un autre motif nous amène à admettre la cessibilité de ces intérêts ou actions. La nature de l'objet poursuivi par les compagnies de mines fait présumer entre les différents associés, la convention tacite que ni la mort, ni la volonté de l'un d'entre eux n'en interrompra point la durée. Ne serait-il pas bien exorbitant que chaque associé fût ainsi forcé de participer indéfiniment à une entreprise, sans pouvoir aliéner l'intérêt ou l'action qu'il y a, au profit d'une tierce personne, alors surtout qu'il n'aurait pas les facultés pécuniaires nécessaires pour contribuer à soutenir l'entreprise. Cette solution est admise par les auteurs les plus accrédités et formulée en ces termes par M. Pardessus dans son cours de droit commercial n° 975 :

« La faculté de céder tout ou partie de l'intérêt qu'on » a dans une société, n'a pas toujours besoin d'être » établi par une stipulation expresse : quelquefois, la » nature de l'association suffit pour assurer ce droit. » C'est surtout quand la réunion d'intérêts entre di- » verses personnes tient plus de la simple copropriété » ou communauté que de la société et qu'elle est, si » l'on peut s'exprimer ainsi plus réelle que person- » nelle.... Assez souvent c'est la nature des conven- » tions primitives qui annonce que les associés ont » consenti que chacun d'eux pût vendre tout ou partie » de son intérêt, sans autorisation nouvelle et sans » que les autres eussent besoin d'être consultés sur » l'admission des cessionnaires. Cette présomption a » lieu, lorsqu'en s'associant, les parties ont divisé l'in- » térêt social en actions. Une action étant une part dans » la société, chaque associé que dans l'usage on nom- » me actionnaire, est réputé autorisé par les autres à » vendre celles qui lui appartiennent et rendre l'ache- » teur membre de la société. »

Les usages de la pratique sont d'ailleurs établis dans ce sens : ainsi en fait, dans les pays houillers, tout intéressé à une exploitation est admis à disposer de sa part d'intérêt, sans être tenu d'obtenir l'agrément de ses cointéressés.

Le cessionnaire devra-t-il, pour être saisi de la propriété vis-à-vis des tiers, faire notifier son titre à la société exploitant la houillère? Nous adoptons volontiers la solution admise par un arrêt de la Cour de Bruxelles (Bruxelles, 24 Décembre 1842), qui déclare l'inutilité de cette notification, l'art. 1690 ne devant pas être étendu à la cession d'une chose existante en soi, et indépendante de la prestation d'un tiers.

Enfin, il est bien entendu que les bénéfices d'une Société n'étant effectifs que s'il en existe lors de la dissolution, la transmission des actions dans les compagnies de mines n'a lieu que sous l'obligation imposée aux cessionnaires, indépendamment de toute stipulation à cet égard de supporter les charges afférentes à l'action aliénée.

Une dernière catégorie de meubles résulte des termes de l'article 9 ainsi conçu :

ARTICLE 9.

« Sont meubles, les matières extraites, les approvi-
» sionnements et autres objets mobiliers. »

Les matières extraites, destinées à être vendues, créées pour la circulation, devaient conserver leur caractère naturel de meubles et être traitées comme choses mobilières. Mais pourquoi les approvisionnements sont-ils meubles? (1) C'est là une disposition contraire à la prudence de la loi, contraire à l'esprit du Code civil, et nous dirons plus, dangereuse, car, ces approvisionnements, que seront-ils? Presque toujours du combustible destiné à alimenter les machines d'épuisement, d'extraction. Est-il dès lors prudent, est-il conforme à l'intérêt général, de faciliter la saisie d'objets de cette nature dont la privation peut entraîner

(1) L'art. 524, Cod civ. déclare immeubles les approvisionnements de la ferme, pailles et engrais, placés par le propriétaire.

la perte de la mine qui n'étant plus épuisée est envahie par les eaux, ou qui, ne recevant plus l'air atmosphérique que devaient lui envoyer de puissants ventilateurs se remplit de gaz méphitiques et peut occasionner les plus graves accidents sans parler des chômages et des souffrances qu'entraînera un tel état de choses.

On comprend l'importance que présente la question de savoir ce qui est meuble où immeuble dans une mine, au point de vue de la composition de l'actif ou du passif de la communauté lorsqu'il se trouve dans le patrimoine de l'un ou de l'autre des époux des biens de cette nature. Ainsi la mine dont l'un des époux est propriétaire à l'époque de la célébration du mariage étant réputée avec les accessoires un immeuble, lui reste propre et n'entre point en communauté par application de l'art. 1404: mais si la concession était accordée à l'un des époux pendant le mariage, elle devrait en général tomber en communauté, en vertu de la présomption établie par l'article 1402 C. civ. Quoiqu'il en soit, il est incontestable que les actions où intérêts dans une société de mines étant réputés meubles, doivent tomber dans la communauté sauf convention contraire.

Quant au droit d'usufruit légal qui appartient à la communauté sur les propres des époux la loi en fait un réglement spécial en matière de mines dans l'article 1403 C. civ., aux termes duquel il n'y a lieu de considérer comme fruits les produits de la mine qu'autant que cette dernière aurait été ouverte avant le mariage: dans le cas où la mine n'aura été ouverte que pendant le mariage, les fruits n'en tombent dans la communauté que sauf récompense ou indemnité envers l'époux propriétaire. Mais ici, le principe de la loi parait en désaccord avec les exigences de l'intérêt général et les règles de l'équité. Si en effet, l'époux non propriétaire d'une mine ouverte pendant le mariage, n'a droit qu'à récupérer ses avances, sans aucune participation aux bénéfices éventuels de l'entreprise, ce serait un bien mauvais calcul pour lui que de se résigner à jouer le rôle de prêteur quand la loi lui refuse la qualité d'associé. Il pourrait même arriver dans des pays où les fortunes consistent en actions charbonnières qu'à l'époque de la dissolution de la communauté, l'époux propriétaire de la mine, reprenant l'équivalent de tous les produits versés dans la communauté, celle-ci ne soit parfois pas assez opulente pour suffire à cette entreprise. Le législateur entraîné par le souvenir de l'ancien droit n'a pas prévu dans les dispositions des articles 1402 et 1403 les conséquences de son principe.

De l'usufruit sur les mines.

La propriété des mines étant soumise aux règles du droit commun, il en résulte que comme les propriétés ordinaires, elle peut être démembrée, parmi les droits qui peuvent s'exercer sur cette propriété, l'un des plus importants est le droit d'usufruit. Déjà nous venons de voir une application importante de ce droit en matière de communauté légale : voyons maintenant les règles spéciales, en quelque sorte exceptionnelles introduites par le Code civil en matière d'usufruit sur les mines.

Pour déterminer les droits de l'usufruitier sur les mines qui se trouvent dans le fonds soumis à l'usufruit il faut suivant l'article 598 distinguer l'hypothèse où l'exploitation a déjà commencé et l'hypothèse où l'exploitation n'est pas encore ouverte. Aux termes de cet article, l'usufruitier a le droit de jouir comme le propriétaire lui-même des mines en exploitation lors de l'ouverture de l'usufruit. Ainsi lorsqu'il s'agit d'une mine concédée au propriétaire du sol, l'usufruitier est autorisé à en continuer l'exploitation sans avoir besoin d'une nouvelle concession (1). Que si la mine avait été concédée à un tiers, il aurait le droit de percevoir la redevance due par le concessionnaire.

L'usufruitier au contraire n'a comme tel, aucun droit sur les mines, non encore ouvertes au moment de son entrée en jouissance. Si donc il venait à obtenir la concession d'une mine comprise dans un terrain soumis à l'usufruit, il ne pourrait l'exploiter en qualité de concessionnaire, qu'à charge de payer au propriétaire du sol la redevance qui lui est due et si la concession avait lieu au profit d'un tiers, ce serait au nu-propriétaire et non à l'usufruitier que reviendrait cette redevance. Ce dernier aurait droit seulement en pareil cas à une indemnité de non jouissance pour

(1) Lorsque le Code Napoléon fut décrété, d'après la législation alors en vigueur, les concessions de mines étaient purement personnelles et les successeurs des concessionnaires n'étaient admis à continuer l'exploitation qu'en vertu d'une autorisation spéciale du gouvernement. C'est à cette législation que se réfère la disposition finale de l'article 598 devenue sans objet depuis les changements introduits par la loi du 21 avril 1810. Aux termes de l'article 7 de cette loi, la concession donne en effet la propriété perpétuelle de la mine qui est dès lors disponible, transmissible et susceptible d'être grevée d'usufruit comme tous les autres biens.

le dommage que la recherche ou l'exploitation de la mine aurait causé à la surface du terrain.

D'autre part, et comme conséquence de ce qui précède, l'usufruitier d'une mine devra supporter d'une manière générale, les charges qui eussent pesé sur le concessionnaire lui-même: c'est ainsi qu'il devra jouir en bon père de famille, soumettre la mine à un système d'exploitation conforme aux règles de l'art et au plan qui a été soumis à l'administration, si d'ailleurs, conformément à son droit, il donne au travaux d'exploitation des développements bien entendus et de nature à procurer un bénéfice au propriétaire, ce dernier en devra indemnité proportionnellement à l'utilité qui en sera résultée pour lui.

Le jurisconsulte Proudhon examinant cette question dans son traité. (Dom. de propr.) applique à l'usufruit en matière de mines, la disposition de l'article 609 C. civ. concernant le mode de contribution du nu-propriétaire et de l'usufruitier; aux charges qui peuvent être imposées sur l'immeuble grevé pendant la durée de l'usufruit. Ainsi s'expliquant spécialement à cet égard, sur le cas de sinistres causés par l'inondation, il décide que si l'autorité administrative vient à ordonner l'assèchement de la mine grevée d'usufruit, les dépenses que cet assèchement occasionnera, doivent être supportées par le propriétaire à la charge pour l'usufruitier de lui payer annuellement l'intérêt des sommes qu'il aura déboursées pour cet objet; que sinon et à défaut de ce payement effectué par le propriétaire, l'usufruitier a le droit d'en faire l'avance, et d'exiger à la fin de l'usufruit le remboursement du capital qu'il aura payé pour satisfaire à cette dépense.

De l'hypothèque sur les mines.

Une mine étant un immeuble, rien ne s'opposait à ce qu'elle pût devenir l'objet d'une hypothèque : c'est ce qu'a prévu la loi de 1810, qui contient sur l'hypothèque des mines des dispositions remarquables. Dans l'état actuel de la législation l'exploitation d'une mine implique trois propriétés distinctes, le sol au-dessous duquel gisent les substances minérales, la mine elle-même qui ne peut-être exploitée qu'en vertu d'un titre de concession délibéré en conseil d'état, et la redevance à payer par le concessionnaire au propriétaire de la surface.

Nous aurons à distinguer plusieurs cas, en ce qui concerne les mines considérées dans leurs rapports avec le système hypothécaire.

Le premier est celui où la mine n'a pas été concédée au propriétaire du sol, mais à un tiers. Quel est, quant aux hypothèques l'effet de cette concession vis à vis des créanciers de ce propriétaire? L'article 17 de la loi de 1810, nous fournit la solution en ces termes.

ARTICLE 17.

« L'acte de concession fait après l'accomplissement » des formalités prescrites, purge en faveur du concessionnaire, tous les droits des propriétaires de la sur» face et des inventeurs ou de leurs ayant-droit, chacun » dans leur ordre, après qu'ils ont été entendus ou » appelés légalement, ainsi qu'il sera ci-après réglé. »

Ainsi la mine est entrée dans le patrimoine du concessionnaire, affranchie de toutes charges et droits réels du chef du propriétaire du sol, et les créanciers hypothécaires de ce dernier, ne peuvent, après la séparation des deux propriétés qu'opère la concession, exercer leurs droits que sur le sol. Mais l'article 18 établit ensuite que la propriété de la surface comprend aussi la valeur des droits ou redevances dus au propriétaire du sol par le concessionnaire.

ARTICLE 18.

« La valeur des droits résultant en faveur du pro-
» priétaire de la surface, en vertu de l'article 6 de la
» présente loi demeurera réunie à la valeur de ladite
» surface et sera appelée avec elle aux hypothèques
» prises par les créanciers. »

Lorsque la redevance est réunie à la valeur de la surface et que cette surface est affectée hypothécairement, cette redevance est donc affectée avec elle. Mais séparée de la surface, la redevance doit être considérée dans son objet : or elle se résout en argent ou en choses mobilières : elle est donc mobilière, par conséquent insusceptible d'hypothèque. (1)

(1) Cette distinction se trouve nettement établie dans un arrêt par lequel la Cour de cassation juge que le droit de transcription ne doit pas être perçu sur le rachat par le propriétaire d'une mine de la redevance qui avait été séparée de la surface par un contrat antérieur, et se fonde précisément sur ce que les redevances ne sont susceptibles d'hypothèques aux termes des articles 17 et 19 de la loi du 21 avril 1810 que lorsque réunies à la valeur de la surface, elles forment avec cette surface un tout resté indivis, mais que lorsqu'elles en sont séparées, après la concession de la mine, elles ne conservent que les effets distincts attachés à leur nature propre de rente mobilière et se règlent conformément à l'article 42 de la même loi, à une

En ce qui concerne le cas où la concession de la mine est faite au propriétaire du sol nous le trouvons réglé par l'article 19 ainsi conçu :

ARTICLE 19.

« Du moment où une mine sera concédée, même » au propriétaire de la surface, cette propriété sera » distinguée de celle de la surface et désormais consi- » dérée comme propriété nouvelle, sur laquelle de » nouvelles hypothèques pourront être assises, sans » préjudice de celles qui auraient été ou seraient pri- » ses sur la surface et la redevance comme il est dit à » l'article précédent. Si la concession est faite au pro- » priétaire de la surface, ladite redevance sera évaluée » pour l'exécution dudit article. »

Dans ce cas la concession forme entre les mains du concessionnaire une propriété nouvelle et aussi distincte de la propriété de la surface que si c'était un tiers qui fût devenu concessionnaire. D'où cette conséquence que les créanciers de ce propriétaire qui ont des hypothèques générales, légales ou judiciaires vont jouir d'une garantie qui s'étendra sur la mine elle-même car telle est la nature de ces hypothèques qu'elles

somme déterminée par l'acte de concession. (Rej. 15 janvier 1849, S.-V. 46, 1, 207.)

La Cour de Besançon statuant en audience solennelle a fait une application de la règle en décidant que la redevance due sous le nom de tréfonds au propriétaire du sol dans lequel existe une mine concédée à des tiers, cessant d'être un droit immobilier lorsqu'elle a été séparée de la propriété superficielle par un acte d'aliénation et notamment par un partage, tombe par cela même dans l'actif de la communauté d'acquêts s'il n'a pas été fait d'inventaire ou d'acte équivalent.

atteignent au fur et à mesure des acquisitions les biens dont s'accroît le patrimoine du débiteur? Au contraire les hypothèques spéciales n'auront pas de prise sur la mine concédée : elles ne frapperont que la surface et en outre toutefois, la redevance qui se trouvera affectée aux créanciers de la même manière que dans le cas où au lieu d'être due par le propriétaire lui-même elle le serait par un concessionnaire étranger.

La concession obtenue, le concessionnaire peut accorder sur cette mine, des hypothèques et cela indépendamment du sol. Si pourtant, le propriétaire de la mine était en même temps propriétaire du sol et débiteur d'un créancier ayant par la nature de sa créance une hypothèque générale privilégiée, ce dernier aurait la priorité sur les créanciers qui n'acquerraient qu'une hypothèque spéciale sur la mine, postérieurement à la concession. Ces créanciers garantis par une hypothèque générale ne pourront être primés que par ceux qui auraient un privilége sur la mine, c'est ainsi que le décide l'article 20 de notre loi ainsi conçu :

ARTICLE 20.

» Une mine concédée pourra être affectée par privi-
» lége en faveur de ceux qui par acte public et sans
» fraude, justifieraient avoir fourni des fonds pour les
» recherches de la mine, ainsi que les travaux de cons-
» truction ou confection de machines nécessaires à son
» exploitation à la charge de se conformer aux articles
» 2103 et autres du Code civil relatifs aux privi-
» léges.

Enfin le législateur de 1810, voulant assimiler de tous points, la propriété de la mine aux autres propriétés immobilières et la rendre susceptible d'hypothèque légale, adopta la rédaction suivante dans l'article 21 :

ARTICLE 21.

« Les autres droits de privilége et d'hypothèque » pourront être acquis sur la propriété de la mine, aux » termes et en conformité du Code civil, comme sur » les autres propriétés mobilières. »

Telle est en général, la théorie hypothécaire de la loi du 21 Avril 1810. Si nous ne parlons point des créanciers ordinaires, c'est qu'ils restent sous l'empire de la loi commune, quant à l'étendue des droits qu'ils pourraient avoir à exercer sur des mines ou des redevances appartenant à leur débiteur.

CHAPITRE III.

Des obligations des concessionnaires de mines.

Après avoir déterminé les droits que l'acte de concession fait naître au profit du concessionnaire de la mine, pour compléter l'ordre logique de ce travail, il nous reste à établir les obligations que ce même acte de concession impose au propriétaire de la mine. Ces obligations du concessionnaire peuvent être ramenées à quatre sortes que nous étudierons dans quatre sections différentes, ce sont :

1° Les obligations vis-à-vis le propriétaire du sol.
2° Les obligations vis-à-vis les inventeurs et explorateurs.

3° Les obligations vis-à-vis le gouvernement.
4° Les obligations vis-à-vis les ouvriers.

SECTION 1re.

Des obligations des concessionnaires vis-à-vis les propriétaires du sol.

En déterminant dans notre chapitre 1er la nature de la propriété des mines, nous avons eu l'occasion de constater deux obligations imposées au concessionnaire envers le propriétaire de la surface, et se résumant en deux indemnités de nature différente; l'une qui consiste en une redevance annuelle ayant pour effet de régler le prix de l'expropriation tréfoncière du propriétaire du sol; l'autre se rapportant aux dégâts de la surface et occupation de terrains résultant de l'exploitation.

Nous nous occuperons d'abord de la première qui a son principe dans les articles 6 et 42 ainsi conçus :

ARTICLE 6.

« L'acte de concession règle les droits des propriétaires de la surface sur le produit des mines concédées. »

ARTICLE 42.

« Le droit attribué par l'article 6 de la présente loi au propriétaire de la surface, sera réglé à une somme déterminée par l'acte de concession. »

Le principe de la loi de 1810, nous avons cherché à l'établir, se résume en ceci: Séparation horizontale de la terre et concession de terrain tréfoncier avec un droit de servitude sur la surface. Mais la loi de 1810, ne pouvait pas autoriser l'expropriation tréfoncière du propriétaire du sol, ni réduire l'usage de son droit à une simple culture en dehors des réserves, sans le dédommager par une indemnité.

Dans la séance du 21 Octobre 1808, l'empereur émit l'idée d'associer le propriétaire de la surface, dans l'exploitation de la mine, en réglement de l'indemnité à lui due.

« On lui donnera, disait-il, à titre de redevance une » part sur les produits; cette part sera mesurée sur » la surface dont il est propriétaire. »

Mais de graves difficultés s'étant élevées sur les moyens d'organiser le partage des bénéfices, l'empereur dit qu'il est facile de faire cesser tous ces obstacles.

« Qu'on décide en général, dit-il, qu'il sera payé une » redevance au propriétaire. L'acte de concession en » réglera la quotité d'après les circonstances. La propriété, ajoutait-il, est le droit d'user ou de ne pas » abuser de ce que l'on possède, mais puisque l'inté- » rêt général oblige de déroger à cette règle, à l'é- » gard des mines, que du moins le propriétaire ne » devienne pas étranger aux produits que sa chose » donne. «

C'est dans cette séance que sur la proposition d'accorder au propriétaire de la surface, un ou deux sous par arpent, il s'écrie :

« Si le propriétaire du dessus ne l'est pas du des- » sous, il ne lui est absolument rien dû ; que s'il l'est, » il faut lui donner une part plus sérieuse dans les bé- » néfices et la fixer par l'acte de concession. »

M. le comte Berlier fait alors observer :

» Qu'on ne pourrait attribuer une redevance propor-
» tionnelle au propriétaire, sans établir une associa-
» tion forcée entre lui et le concessionnaire, ce qui
» serait contre les principes.

» Mais ce n'est pas ce que l'on propose ; il ne s'agit
» que d'établir une redevance fixe qui sera déterminée
» par l'acte de concession. Or, cette redevance ne saurait
» être refusée, car le propriétaire du dessus l'est aussi
» du dessous, et ne doit pas être dépouillé des fruits du
» dessous, sans recevoir une indemnité. »

L'empereur termina la discussion en disant :

« Que le demandeur en concession et le propriétaire
» du sol soient donc entendus contradictoirement ; que
» leurs intérêts soient balancés et conciliés, et que
» l'acte de concession les détermine. »

Tel est aussi le sens de l'instruction ministérielle du 3 août 1810 rapportée plus haut et qui décide qu'en cas de désaccord entre le propriétaire et le demandeur en concession, le débat devra être soumis au conseil de préfecture qui donne son avis, après quoi liquidation en est faite par le conseil d'État dans l'acte de concession.

Il ne s'agit donc point d'une indemnité dérisoire parce qu'il s'agit d'une atteinte sérieuse portée à un droit et qu'il faut une compensation sérieuse, parce que le propriétaire du sol ne peut être exproprié de sa propriété tréfoncière, ni grevé d'une servitude sur le sol sans compensation, parce qu'enfin le concessionnaire d'une mine ne peut en devenir légitime propriétaire sans en payer le prix.

Cette solution que nous avons établie dans le chapitre précédent se trouve toutefois en opposition avec celle adoptée par l'administration des mines qui soutient que le propriétaire de la surface n'a aucun droit à la propriété souterraine, mais qu'il conserve entière la propriété de cette surface : par suite allocation d'indemnités dérisoires au propriétaire de la surface.

Pour l'administration, la mine n'est pas le terrain tréfoncier dans lequel la matière minérale se trouve disséminée, c'est simplement le filon, la couche, l'amas de l'une des substances énumérées dans l'article 2 de la loi de 1810 et la concession de la mine est le droit d'extraire ce filon, cet amas, d'exploiter cette couche. Selon cette théorie, le concessionnaire de la mine n'enlève aucun droit au propriétaire du sol, mais aussi il ne doit être tenu envers lui à aucune indemnité: c'est en résumé un droit d'exploitation perpétuelle dans la propriété d'autrui, mais un droit sans compensation, ne devant rien coûter au propriétaire

Telle est la doctrine de l'administration des mines, doctrine que nous trouvons consignée dans les ouvrages de M. Lamé Fleury, ingénieur, professeur de législation à l'école des mines qui s'exprimait dans les termes suivants à ce sujet, dans un article du journal *l'Audience* du 9 juillet 1858 :

« .... Je ne voudrais rien lui donner du tout (au
» propriétaire de la surface) attendu que je ne lui
» reconnais absolument aucun droit à la propriété

» souterraine, mais je lui laisse la propriété du
» sol. »

Répondant à cette théorie, lors de l'arrêt solennel de la cour de cassation du 23 juillet 1862, M. le conseiller Meynard de Franc, disait en parlant des deux propriétés séparées dans le même terrain.

« Le droit nouveau, à l'instar de la loi romaine,
» met un prix à l'expropriation du tréfonds qu'éprou-
» ve le propriétaire de la surface. Il l'associe par
» manière de compensation, aux bénéfices de la mine
» en lui allouant d'une manière ferme et absolue, une
» redevance que le concessionnaire de la mine est
» tenu de lui payer. »

Et le même arrêt visant les deux hypothèses où le concessionnaire porte préjudice à la surface en exploitant l'intérieur de la mine ou en s'établissant à la surface s'exprime en ces termes:

« Attendu que la même raison de décider ne s'ap-
» plique pas aux deux espèces: dans l'une, l'exploi-
» tation ne nuit au voisin qu'en *travaillant chez*
» *lui-même* et en tirant profit de sa propre chose sous
» l'œil et la surveillance de l'autorité publique;

» Dans l'autre, c'est en travaillant chez autrui,
» qu'il lui porte préjudice, c'est en prenant posses-
» sion de son domaine, c'est en l'occupant plus ou
» moins de temps, sans qu'on puisse l'empêcher,
» droit exorbitant en compensation duquel la loi
» spéciale était justement appelée à frapper les explo-
» rateurs ou propriétaires de mines de l'obligation de
» payer une indemnité extraordinaire. »

Et Proudhon, doyen de la faculté de droit de Dijon, dans son traité du domaine de la propriété, t. II, p. 469, disait en parlant de la redevance accordée par les articles 6 et 42 de notre loi :

« Cette redevance doit être considérée comme une » soulte du partage qui s'est opéré dans le fonds. » Voilà donc une rente établie en dotation perpétuelle, » au profit du fonds de la surface, qui en devient d'au- » tant plus riche par la production d'un rendage qu'il » ne comportait pas auparavant. »

Cette indemnité est-elle donc pour l'éminent jurisconsulte une simple concession faite aux principes, un simple coup de chapeau à l'article 529, pour employer l'expression originale d'un de nos économistes ? (1) Non certes, Proudhon prend en sérieuse considération le droit de la surface, sur le tréfonds, et sérieuse est alors, selon lui, l'indemnité accordée pour la perte de ce droit : cette indemnité est une soulte de partage, en quelque sorte le prix de la propriété acquise par le concessionnaire à l'ancien propriétaire.

Pour ce jurisconsulte, comme pour nous, le législateur a formulé une disposition sérieuse, et résumant notre discussion, nous répétons avec confiance nous autorisant, et des travaux préparatoires et des textes de la loi, comme de l'interprétation de la doctrine et de la jurisprudence, que c'est une indemnité vraie, une compensation équitable en échange du tréfonds que les articles 6, 18 et 42 ont accordé au propriétaire de la surface.

(1) Michel Chevalier.

Réglement de la redevance.

Le réglement de cette indemnité dont nous venons d'établir l'importance, se trouve déterminé par les articles 6 et 42.

En effet, aux termes de l'article 6, les droits du propriétaire de la surface doivent être réglés sur le produit des mines, et l'article 42 complétant la disposition de l'article 6 porte que ce droit du propriétaire du sol, sur les produits sera réglé à une somme d'argent dont l'acte de concession déterminera l'importance. Et le ministre de l'intérieur interprétant la véritable pensée du législateur ordonnait dans sa circulaire que le propriétaire fût entendu en ses réclamations sauf au conseil de préfecture à statuer sur les difficultés.

Est-ce bien ainsi que la loi a été comprise? est-ce bien la solution qu'elle reçoit dans la pratique? Déjà nous avons constaté, combien notre interprétation diffère de la théorie de l'administration des mines, qui ne veut voir dans la concession *que la propriété de la substance minérale;* cette théorie est aussi celle du conseil d'État, qui par le fait se trouve avoir rayé de la loi les articles, 6, 18 et 42 en n'accordant aux propriétaires du sol expropriés du tréfonds, qu'une indemnité dérisoire fixée ordinairement à une redevance annuelle de dix ou même cinq centimes par hectare, ou, ce qui est plus rare, une redevance proportionnelle aux produits extraits.

Cette redevance créée au profit du propriétaire ne doit pas être réglée par le propriétaire lui-même; au gouvernement seul qui en sera le modérateur suprême, selon les expressions du Comte de Girardin, il appartient de la fixer après avoir entendu le propriétaire (art. 17) à qui les publications et affiches ainsi que le registre ouvert à la préfecture fournissent les moyens de formuler ses réclamations.

Mais une fois que le propriétaire a été entendu, on ne peut pas plus contester au gouvernement le droit de fixer la redevance due au propriétaire que le droit d'instituer les concessions et de choisir entre les prétendants : ces deux droits écrits dans les articles (6, 17, 425, 7 et 16) découlent également du principe que les mines se rattachent essentiellement à l'intérêt public.

C'est ici le lieu d'établir en principe la différence qui existe entre la redevance due au propriétaire et les indemnités pour dégâts ou occupations de terrains. Pour ces dernières indemnités, le concessionnaire se trouvant toujours garanti par les dispositions limitatives des articles 43 et 44, contre les prétentions exagérées du propriétaire du sol, pourra, sans inconvénient régler la réparation du dommage causé, par une convention directe entre le propriétaire et lui, mais dans le cas de la fixation de la redevance, les demandeurs en concession se trouveraient à la merci des propriétaires du sol qui ne consentiraient à traiter qu'avec le plus offrant, fixant ainsi le prix de vente d'une chose qui n'est point dans le commerce, puisqu'il faut l'acte de concession pour que cette chose existe légalement, pour qu'elle soit revêtue des caractères de la propriété. Conséquemment toutes les conventions antérieures à l'acte de concession qui auraient pu être passées entre les demandeurs et les propriétaires sont essentiellement conditionnelles et subordonnées à la consécration du gouvernement.

Nous avons vu au chapitre précédent que cette redevance due au propriétaire de la surface fait corps avec cette surface jusqu'à stipulation contraire, qu'elle suit la vente ou l'expropriation du fonds et qu'après sa séparation du sol, elle perd le caractère immobilier dont elle était revêtue jusqu'alors pour devenir un bien mobilier ; il nous reste à indiquer ici un troisième caractère de cette redevance, c'est son caractère de divisibilité tant qu'elle n'a pas été séparée du sol. C'est ce qu'a décidé un arrêt de la cour de Lyon, du 10 Février 1841, rendu au sujet des mines de la côte Thiollière. La conséquence de ce caractère est que le concessionnaire d'une mine ne peut contraindre les propriétaires du sol à s'unir et déléguer un mandataire unique, pour la perception des redevances tréfoncières: une seconde conséquence est que les propriétaires redevanciers ne peuvent être admis à réclamer la limitation de ce droit de redevance: C'est ce que décida un jugement du tribunal de St-Etienne du 7 juin 1841, confirmé par arrêt de la cour de Lyon du 11 février 1842.

Un sieur Boisgelin, l'un des redevanciers des mines de la cote Thiollière poursuivit contre le sieur Valochères et autres redevanciers des mêmes mines, une demande en licitation des droits de redevance: mais cette prétention fut rejetée, le tribunal et la cour ayant déclaré le droit de redevance comme incontestablement divisible.

Plus tard, le sieur Boisgelin ayant demandé le partage en nature de la redevance, la nomination d'experts pour former les lots et la licitation au cas où les experts déclareraient la redevance impartageable, le tribunal de St-Etienne déclara que le droit de redevance était une créance divisée de plein droit entre ceux auxquels elle appartient : et par arrêt du 11 novembre 1845, la cour de cassation reconnut que le droit de redevance qui se traduit en payements de sommes d'argent ou de meubles divisibles, rentre dans la classe des droits divisibles et qu'il est même divisé de plein droit dans la main de chacun des propriétaires.

§ II. *Indemnités payées au propriétaire du sol pour dommages ou occupation de terrains.*

Ces indemnités sont régies par les articles 43 et 44 ainsi conçus :

ARTICLE 43.

« Les propriétaires de mines sont tenus de payer » les indemnités dues au propriétaire de la surface » sur le terrain duquel ils établiront leurs travaux

« Si les travaux entrepris par les explorateurs ou par » les propriétaires de mines ne sont que passagers et si » le sol où ils ont été faits peut être mis en culture au » bout d'un an comme il l'était auparavant, l'indemnité » sera réglée au double de ce qu'aurait produit net » le terrain endommagé. »

ARTICLE 44.

« Lorsque l'occupation des terrains pour les recher- » ches et les travaux de mines, prive les propriétaires » du sol de la jouissance du revenu au-delà d'une

» année, ou lorsque après les travaux, les terrains ne » sont plus propres qu'à la culture, on peut exiger des » propriétaires des mines l'acquisition des terrains à » l'usage de l'exploitation : si le propriétaire de la sur- » face le requiert, les pièces de terre trop endomma- » gées ou dégradées sur une trop grande partie de leur » surface devront être achevées en totalité par le pro- » priétaire de la mine.

» L'évaluation sera faite, quant au mode, suivant » les règles établies par la loi du 16 septembre 1807, » sur le dessèchement des marais, etc. tit. XV, mais » le terrain à acquérir, sera toujours estimé au double » de la valeur qu'il avait avant l'exploitation de la » mine. »

Une question grave, que les principes établis précédemment nous aideront à résoudre se pose en présence de ces deux articles, c'est la suivante : Les dispositions des deux articles précités sont-elles générales, absolues, destinées à régler tous les cas où les dommages sont causés à des immeubles par les travaux de mines, quels que soient ces travaux? Ne s'appliquent-elles au contraire qu'à l'occupation superficielle du sol, dans le cas où les concessionnaires sont autorisés à s'en emparer.

Nous avons établi plus haut le principe qui domine notre matière à savoir que les propriétaires de mines ont le droit après certaines formalités de s'emparer de la propriété de la surface et que la concession de la propriété tréfoncière ne laisse au propriétaire de cette surface sur les terrains grevés de la servitude des mines qu'une simple jouissance : le droit de les cultiver et d'en prendre la récolte.

Les deux articles précités découlent à l'évidence de ce principe favorable aux concessionnaires et les mettent à l'abri des dires d'experts et de l'application du droit commun.

Déjà, nous l'avons démontré, ces articles ont voulu faire autre chose que régler la réparation du préjudice souffert : ils écartent cette mesure du préjudice qui est la base de tous les dommages-intérêts. Etrangers à toute idée de pénalité réparatoire, ils se sont bornés à organiser, à réglementer l'exercice de la servitude d'occupation créée en faveur de la mine dans ses relations avec la surface.

Et en effet, dans le § 1er de l'article 43, ne voyons-nous pas tout d'abord que l'indemnité est due au propriétaire de la surface sur le terrain duquel les concessionnaires établiront leurs travaux ; qu'il s'agit donc de travaux établis sur la surface et non poursuivis dans le sein de la terre. Plus loin ne voyons-nous pas encore qu'il s'agit de travaux passagers ; qualifierons-nous ainsi les travaux d'extraction à l'intérieur qui ont un caractère définitif. Remarquons enfin qu'il n'est pas question d'une indemnité double du dommage éprouvé, mais d'une indemnité réglée au double du produit net, ce qui ne constitue en réalité qu'une indemnité simple qui pourra très-souvent être inférieure au dommage éprouvé.

La cour de Dijon dans son arrêt du 20 Mars 1854, a déclaré que l'indemnité allouée par l'article 43, est une indemnité simple, réglée sur une base à forfait ; « sans qu'il soit loisible aux tribunaux d'augmenter cette » indemnité ou de la réduire selon qu'elle leur paraîtrait inférieure ou supérieure au préjudice éprouvé. »

Nous conclurons donc que l'article 43 n'a point pour objet d'accorder une double indemnité au propriétaire de la surface lésé ou dépossédé, mais seulement de fixer d'une façon invariable et d'avance, l'indemnité de dépossession de ce propriétaire. L'article 44 qui forme le complément de l'article 43 n'est pas moins clair; il prévoit l'hypothèse où l'occupation a privé le propriétaire de la surface du revenu de son terrain depuis plus d'une année, ou bien où ce terrain n'est plus propre à la culture, à la cessation de l'occupation : dans les deux cas, le propriétaire de la mine peut être contraint à en faire l'achat. Là encore, nous rencontrons une série d'expressions qui s'harmonisent avec les inductions que nous a fournies déjà l'interprétation de l'article 43, et que nous avons d'ailleurs commentées précédemment. Là enfin, comme dans l'article 43, nous rencontrons non pas une réparation du préjudice et de véritables dommages-intérêts, mais un prix, un véritable prix de vente, un prix qui sera le double de la valeur du terrain, avant l'exploitation, un prix qui devra être déterminé suivant des formalités protectrices des intérêts des concessionnaires, le mode prescrit par la loi de 1807.

Ce renvoi à la loi de 1807 qui a souvent embarrassé les commentateurs nous paraît très-simple et vient même à l'appui de notre théorie. En effet celui des articles du titre XI de la loi de 1807 qui a le plus de rapport avec notre matière est d'abord l'article 48 ainsi conçu :

ARTICLE 48.

« Lorsque pour exécuter un desséchement, l'ouver-

» ture d'une nouvelle navigation, un pont, il sera
» question de supprimer des moulins ou autres usines,
» de les déplacer, modifier, ou de réduire l'élévation
» de leurs eaux, la nécessité en sera constatée par des
» ingénieurs des ponts et chaussées. Le prix de l'esti-
» mation sera payé par l'Etat lorsqu'il entreprend les
» travaux; lorsqu'ils sont entrepris par des concession-
» naires le prix de l'estimation sera payé avant qu'ils
» puissent cesser le travail des moulins et usines.
» *Il sera d'abord examiné si l'établissement des mou-*
» *lins et usines est légal : ou si le titre d'établissement*
» *ne soumet pas les propriétaires à voir démolir leurs*
» *établissements sans indemnité si l'utilité publique le*
» *requiert.* »

D'après les principes que nous avons posés, les établissements créés à la surface d'une mine sont à l'instar des moulins et usines soumis à des conditions d'installation légale, inscrites dans les articles 11 et 30 de la loi de 1810 par suite desquels les établissements nouveaux peuvent n'avoir été créés qu'à titre précaire, s'ils ne se trouvent pas dans les lieux réservés par l'art. 11 et fixées authentiquement par le plan de l'article 30. La conséquence se trouve formellement indiquée dans le dernier paragraphe de l'article 48 de la loi de 1807 c'est que les établissements créés à titre précaire, dans le cas de l'inobservation des articles précités, peuvent être l'objet d'une démolition sans indemnité, si l'utilité publique l'exige. Et qu'on ne dise point que c'est là une interprétation arbitraire, elle s'appuie sur notre article 44 lui-même dont la dernière disposition est conçue dans les termes suivants :

« L'estimation du terrain doit être faite au double de » la valeur qu'il avait avant l'exploitation de la mine. »

En dehors des lieux réservés, la surface n'a plus d'autre droit qu'un droit de culture et le propriétaire de la mine ne doit être responsable que des dommages causés à la surface telle qu'elle lui a été remise en quelque sorte, comme le constate le plan régulier qui doit en être dressé.

C'est ainsi que le renvoi à la loi de 1807 confirme notre interprétation et met à la charge des propriétaires de la surface les risques et périls de leurs constructions nouvelles ou établissements nouveaux.

En résumé, la loi accorde au propriétaire de la mine un droit exorbitant, celui de déposséder le propriétaire de la surface : toutefois une telle rigueur commandée par l'intérêt général devait être temperée par respect pour le domicile privé; c'est ce qu'a prévu l'article 11 qui a pour but de mettre à l'abri de la servitude le propriétaire de la surface qui, avant la concession à couvert cette surface de constructions, enclos, cours et jardins :

ARTICLE 11.

« Nulle permission de recherches ni concession de » mines ne pourra, sans le consentement formel du » propriétaire de la surface donner le droit de faire » des sondes et d'ouvrir des puits ou galeries, ni celui » d'établir des machines ou magasins dans les enclos » murés, cours ou jardins, ni dans tel terrain attenant » aux habitations ou clôtures murées, dans la distance » de 100 mètres desdites clôtures ou des habitations. »

Si nous nous reportons aux principes que nous avons déduits des articles de la loi de 1810, l'interprétation de cet article 11 nous amènera à considérer ses dispositions comme une restriction apportée au droit de servitude du concessionnaire et de laquelle il résulte que certains lieux, certains terrains doivent être respectés par le concessionnaire, qu'il ne peut s'y établir qu'avec le consentement du propriétaire. Mais à l'évidence il ne s'agit que des constructions, enclos murés, cours ou jardins existant à l'époque de la concession et constatés par le plan de la surface : de ce moment il y a pour le propriétaire authentique du dessus, obligation de respecter la servitude définitivement établie, comme pour le concessionnaire obligation de ne pas aggraver la servitude créée à son profit

C'est en ce sens que s'exprimait un célèbre avocat de la cour de cassation, M. Lacoste en parlant des mesures de police relatives aux mines :

« Les mesures de police, disait-il, quelles qu'elles » soient, n'ont jamais d'autre but que celui d'empêcher » un danger.

» Si des règlements administratifs défendent aux » concessionnaires de mines de pousser leurs fouilles » trop près des habitations et des grandes routes, ces » mesures ne sont restrictives du droit de propriété » des mines, qu'à l'égard *de ce qui existait lors de la* » *concession :* mais il ne peut en être ainsi à l'égard » des établissements *créés depuis la concession* parce » que la position du concessionnaire n'aurait jamais » rien de certain. »

Cette distinction d'ailleurs a été admise par la cour

suprême dans un arrêt de la Chambre civile du 18 juillet 1837 dans les termes suivants:

» Attendu que l'article 11 de la loi de 1810 ne peut
» être appliqué aux établissements formés après la
» concession.

Nous devons toutefois le reconnaître, la cour de cassation a réformé cette jurisprudence dans un arrêt du 31 mai 1859, qui a pour effet de consacrer, selon nous, les deux erreurs suivantes :

1° Aux termes de cet arrêt, la protection de l'article 11 s'appliquerait aux nouvelles constructions, comme aux anciennes.

2° Cette protection de l'article 11 devra être reconnue non seulement en faveur du propriétaire des habitations ou enclos, et jusqu'à cent mètres de distances, mais aussi à tout propriétaire d'une habitation ou d'un enclos muré sur des terrains qui ne lui appartiennent pas.

« Attendu, porte cet arrêt, que l'article 11 de la loi du
» 21 Avril 1810, qui interdit de faire des sondes, d'ou-
» vrir des puits ou galeries, d'établir des machines, des
» magasins dans les lieux qu'il spécifie, à moins de
» cent mètres de distance des habitations ou clôtures
» murées, contient une disposition générale qui n'ad-
» met aucune distinction.

» Que cette mesure étant fondée sur le respect et
» la liberté du domicile, il importe peu que le proprié-
» taire des constructions le soit en même temps des
» cent mètres de terrain y attenant, puisqu'il a un
» intérêt toujours égal à l'éloignement de ces travaux.

» Qu'il n'y a pas lieu, d'après la généralité des ter-
» mes de l'article 11, de distinguer entre les construc-
» tions antérieures et celles postérieures, soit à la con-
» cession, soit à l'exploitation de la mine;

» Que la situation des parties est la même, quant au
» devoir du concessionnaire de la mine de respecter le
» droit du propriétaire du sol d'y asseoir des bâti-
» ments. »

Une pareille interprétation, outre qu'elle crée au profit du voisin non propriétaire des terrains un véritable droit de servitude qu'aucun texte ne consacre, impose aux exploitants une gène qui pourra souvent avoir les conséquences les plus funestes, en les empêchant d'établir des puits d'extraction, d'aérage et de sauvetage là où ils seraient nécessaires et parfois indispensables. Aussi se rendant à l'évidence des dispositions de la loi de 1810, et reconnaissant les fâcheuses conséquences de son interprétations de 1859, la cour de cassation, après un rapport remarquable de M Meynard de Franc, et les éloquentes conclusions de M. le premier avocat général de Raynal, réforma de nouveau sa jurisprudence, et dans un arrêt du 23 Juillet 1862, elle proclama le droit de servitude des mines avec ses conséquences les plus rigoureuses.

Aussi pour nous résumer sur notre article 11 dirons-nous que tout est permis à un concessionnaire de mine avec le consentement du propriétaire de la surface; l'article 11 ne restreint que le droit de servitude et n'accorde de réserves qu'au propriétaire de la surface envahie, réserves auxquelles il peut renoncer sans la permission ni le consentement du voisin, qui ne peut rien permettre ni empêcher chez autrui.

Telle est la solution que la Belgique adoptant les principes que nous proposons a consacrés dans une loi du 8 Juillet 1865 ainsi conçue :

ARTICLE PREMIER.

« L'article 11 de la loi du 21 Avril 1810 est remplacé » par la disposition suivante :

» Nulle permission de recherches ni concession de » mines ne pourra, sans le consentement formel du » propriétaire de la surface, donner le droit de faire des » sondes et d'ouvrir des puits ou galeries, ni celui d'é- » tablir des machines ou magasins dans *ses* enclos » murés, cours ou jardins, ni dans *ses* terrains atte- » nant à *ses* habitations ou clôtures murées dans la » distance de 100 mètres desdites clôtures et habita- » tions. »

Tribunaux compétents pour juger des contestations relatives à ces indemnités.

Dans l'instruction ministérielle du 3 août 1810 nous trouvons au § 1er de la section B que toutes les discussions ayant pour objet l'acquittement des indemnités déterminées par le décret de concession ou de permission ainsi que les contestations sur les dédommagements pour dégâts occasionnés à la surface des terrains sont du ressort des tribunaux ordinaires : mais d'autre part, un arrêté ministériel du 7 octobre

1837 porte que ces contestations devront être jugées par les conseils de préfecture: Dans cette circulaire M. le ministre invoque la corrélation des articles 10, 43 et 44.

A cet argument, nous répondons que certainement il y a corrélation entre ces trois articles, mais cette corrélation s'applique uniquement aux travaux antérieurs à la concession: or les indemnités qui nous occupent en ce moment, se rapportent exclusivement aux travaux exécutés depuis l'acte de concession et l'article 44 n'a fait que régler le mode d'évaluation de l'indemnité, sans fixer la juridiction compétente, tandis que l'article 46 détermine dans des termes précis la compétence du conseil de préfecture pour l'évaluation des indemnités à payer pour les recherches ou travaux antérieurs à l'acte de concession.

ARTICLE 46.

« Toutes les questions d'indemnité à payer par les » propriétaires de mines, à raison des recherches ou » travaux antérieurs à l'acte de concession, seront dé- » cidées conformément à l'article 4 de la loi du 28 plu- » viôse an 8. »

Le silence du législateur au sujet des travaux qui ne sont pas antérieurs à la concession, est bien significatif: s'il eût entendu établir la compétence des conseils de préfecture, et exclure celle des tribunaux ordinaires, il n'eût pas manqué de l'exprimer formellement.

L'arrêté ministériel du 7 octobre 1837, observe qu'en matière de mines, il n'y a pas expropriation, mais seulement occupation de terrain et que lorsqu'il y a vente de terrain, ce n'est que sur la volonté du propriétaire du sol. Ce principe est incontestable, mais de ce qu'il n'y a pas expropriation, il n'en résulte pas que le conseil de préfecture soit compétent pour la détermination des indemnités. Si au contraire, on se rappelle que la loi a voulu faire des mines une propriété nouvelle, soumise au principe du droit commun, il faudra bien reconnaître que les contestations qui s'y rattacheront devront être soumises à la juridiction de droit commun, s'il n'y a été formellement dérogé. Et d'ailleurs, lorsqu'un concessionnaire traite avec un propriétaire du sol de l'indemnité qu'il doit lui payer, nous trouvons en présence deux intérêts privés sur lesquels les tribunaux ordinaires, seront naturellement appelés à statuer. Mais lorsqu'il s'agit de l'indemnité à payer à un explorateur qui n'a point obtenu la concession, il y a dans ce cas deux intérêts généraux en regard : l'industrie des recherches de mines qu'il faut encourager en indemnisant l'explorateur et l'industrie de l'exploitation minérale, qu'il faut ménager en ne forçant pas le concessionnaire à solder intégralement tous les travaux faits avant la concession, utiles ou inutiles : d'après cela on comprend que la loi ait dû donner au tribunal administratif des conseils de préfecture, la juridiction relative à cette sorte d'indemnité : mais ici rien de semblable et l'intérêt général n'est pas mis en jeu dans le débat. Les concessionnaires doivent d'après la loi payer le double de la valeur des terrains occupés : il n'y a donc en cas de début qu'une seule chose à faire estimer les terrains occupés et fixer l'indemnité au double de l'estimation : or, c'est là un jugement d'intérêts privés qui est essentiellement de la compétence des tribunaux ordinaires.

Enfin l'intention du législateur de laisser à la juridiction des tribunaux le jugement des indemnités pour dommages à la propriété du sol se manifeste dans l'article 15 ainsi conçu :

ARTICLE 15.

« Il (le concessionnaire) doit aussi, le cas arrivant » de travaux à faire sous des maisons ou lieux d'habi- » tation, sous d'autres exploitations ou dans leur voi- » sinage immédiat, donner caution de payer toute in- » demnité, en cas d'accident : les demandes ou oppo- » sitions des intéressés seront, en ce cas, portées » devant nos tribunaux et cours. »

Ainsi donc l'intention du législateur se manifeste bien de faire des mines, une fois concédées une propriété justiciable, comme celle du sol, des tribunaux ordinaires, juges naturels de toute propriété. Quels sont donc ces tribunaux appelés à statuer sur les contestations relatives aux dommages causés à la surface ?

Si nous rappelons qu'il a été établi précisément que les dommages causés au propriétaire de la surface sur le terrain grevé de la servitude se résument en une restriction ou en la privation du droit de culture : si d'autre part, nous nous reportons à l'article 5 de la loi de 1838 ainsi conçu :

« Les juges de paix connaissent sans appel jusqu'à » la valeur de cent francs, et à charge d'appel à quel- » que valeur que la demande puisse s'élever : 1° des » actions pour dommages faits aux champs, fruits et » récoltes, soit par l'homme, soit par les animaux, » n'en arrivons-nous pas forcément à conclure que le juge de paix sera compétent sauf l'appel au-delà de cent francs pour le réglement de ces sortes d'indemnités. Rien en effet, dans la loi de 1810 ne déroge à la compétence des juges de paix en matière de dommages causés aux champs, fruits et récoltes; la base de cette indemnité est posée dans les articles 43 et 44 qui pour leur application n'exigent que l'évaluation des récoltes en fruits formant le revenu du terrain endommagé. Pourquoi refuser le bénéfice de cette disposition aux concessionnaires de mines? Pourquoi les traduire à grands frais devant les tribunaux d'arrondissement et les cours pour des dommages souvent peu considérables et dont l'appréciation sera toujours si facile et si simple. Que si on nous oppose les dispositions de l'article 87 qui renvoie aux articles 303-323 du Code de procédure, nous répondrons que les dispositions de ce titre IX se rattachent aux indemnités dues pour travaux souterrains : en effet la loi de 1810 dans les articles 87 à 92 exige pour l'évaluation de l'indemnité que les experts soient pris parmi les ingénieurs des mines, parmi les hommes notables et expérimentés dans le fait des mines et de leurs travaux : disposition nécessaire lorsqu'il s'agit d'apprécier un travail d'art, un dommage spécial, mais dans notre espèce nous ne rencontrons aucune difficulté de ce genre, il y a une simple évaluation de récoltes à faire et le juge de paix le fera compétemment et sciemment.

Caution due par le concessionnaire de mine, en cas de travaux sous les lieux habités.

En dehors de ces indemnités accordées au propriétaire du sol, celui-ci exerce un autre droit, consacré par l'article 15 reproduit ci-dessus et duquel résulte pour le propriétaire du sol, le droit d'exiger caution du concessionnaire pour le paiement des indemnités qu'il pourrait être condamné à payer par suite d'accidents occasionnés par les travaux de mines, rappelons en outre que cette indemnité sera réglée, non pas d'après les bases établies par les articles 43 et 44, mais d'après les règles du droit commun, sans toutefois que le propriétaire ait à prouver la faute de l'exploitant.

Les tribunaux ayant plein pouvoir, aux termes de l'article 15, en ce qui concerne la caution due au propriétaire, il en résulte qu'ils peuvent non-seulement fixer le chiffre de la caution, mais encore limiter le temps pendant lequel cette caution sera due ; il suit de là que lorsque les tribunaux reconnaîtront que le danger a cessé par suite des précautions prises ou des circonstances locales, ils pourront relever les concessionnaires de l'obligation de fournir caution.

SECTION II.

Des obligations des concessionnaires vis-à-vis des inventeurs, des explorateurs et des anciens exploitants.

Les mines, nous l'avons vu, ne peuvent être exploitées qu'en vertu d'un acte de concession du gouvernement qui est souverain pour juger des motifs d'après lesquels il doit désigner le titulaire. Toutefois, la demande en concession, doit avoir été précédée de recherches qui ont pour but de déterminer la situation et l'allure de la mine ; ces recherches, préliminaires obligées de toute exploitation sérieuse, ont une importance considérable au point de vue de l'art des mines. Aussi le législateur de 1810, voulant encourager une branche aussi importante de l'industrie minérale, réserve pour l'inventeur qui n'obtient pas la concession de la mine, un droit à une indemnité de la part du concessionnaire, laquelle est réglée par le gouvernement dans l'acte de concession. Ce droit est consacré dans les termes suivants par le 2me § de l'art. 16.

ARTICLE 16.

« Le gouvernement juge des motifs ou considéra-
» tions d'après lesquels la préférence doit être accor-
» dée aux divers demandeurs en concession, qu'ils
» soient propriétaires de la surface, inventeurs ou
» autres.

» En cas que l'inventeur n'obtienne pas la conces-
» sion d'une mine, il aura droit à une indemnité de
» la part du concessionnaire ; elle sera réglée par
» l'acte de concession. »

Aux termes de ce dernier §, l'inventeur a droit à une indemnité, s'il n'obtient pas la concession ; et il ne l'obtiendra pas s'il ne présente pas toutes les garanties de capacité et de capital qui sont exigées par la loi. Ce droit d'inventeur réglé par l'acte de concession compense en quelque sorte le bénéfice que l'inventeur pouvait espérer faire s'il avait participé au bénéfice de la concession ; c'est comme une récompense pour service rendu à l'industrie minérale. Ce droit est d'ailleurs complètement distinct de l'indemnité qui lui est due par le concessionnaire en raison des travaux faits par lui antérieurement à la concession.

Mais remarquons que l'on ne devra considérer comme inventeur que celui dont les recherches auront été fructueuses et auront fait connaître non-seulement l'existence de la substance minérale, mais aussi la disposition des amas, couches ou filons, de manière à démontrer l'utilité de l'exploitation. Quant au réglement de l'indemnité, il devra varier suivant les cas et se proportionner au mérite de l'invention et à l'importance de la mine. C'est ainsi que l'article 4 de l'ordonnance du 21 août 1825 concernant la concession faite à l'État des mines de sel gemme des départements de l'Est a réglé à deux millions de francs le droit attribué aux inventeurs, indépendamment du remboursement des avances qu'ils ont faites pour la recherche du sel gemme et pour les travaux existant à l'époque de la concession.

En 1828, les sieurs Chambon, Vuilleret et Compagnie, héritiers des sieurs Berthod et Lamotz qui avaient découvert les gîtes de houille de Gouhenans, virent estimer à 20,000 francs leur droit d'inventeurs. Parfois aussi les droits d'inventeur sont réglés à une rente annuelle, ainsi que l'ordonnance de concession de la mine de Connaux (Gard) l'a stipulé en 1831 pour réglement du droit d'invention reconnu à la commune de Connaux : cette rente est fixée à 550 francs par an.

ARTICLE 17.

« L'acte de concession fait après l'accomplissement » des formalités prescrites, purge en faveur du con- » cessionnaire tous les droits du propriétaire de » la surface et des inventeurs ou de leurs ayant-droit, » chacun dans leur ordre après qu'ils ont été enten- » dus ou appelés légalement, ainsi qu'il sera ci-après » réglé.

Aux termes de cet article, l'acte de concession purge en faveur du concessionnaire, les droits des inventeurs ou ayant-droit; mais, ajoute l'article, il faut qu'ils aient été entendus ou appelés légalement : en conséquence un tiers qui prétend au titre d'inventeur et qui n'a pas été appelé ou entendu pendant l'instruction peut-être admis à recourir par la voie contentieuse contre l'acte de concession qui a gardé le silence sur ses droits. C'est ainsi que l'ordonnance du 18 mars 1843, a admis l'opposition du sieur Fabre contre l'ordonnance du 27 avril 1838 portant concession des mines d'antimoine, plomb et cuivre de la Bouzole (Aude) aux sieurs Paliopy, Ribes et compagnie (1).

Les droits de l'inventeur, nous l'avons vu, sont réglés par l'acte de concession, et les actes de concession devant être délibérés en conseil d'Etat, il suit de là qu'un ministre excède sa compétence lorsqu'il statue définitivement sur le règlement des droits d'inventeur, en rejetant la réclamation d'un tiers, admis comme opposant à un acte de concession.

Incompétents pour régler les droits d'inventeur, les tribunaux peuvent en certains cas, être appelés à sta-

(1) Annales des mines, 4e série, tome III, page 902.

tuer sur des contestations relatives à ce droit. Ce principe reçut une application à la suite d'une ordonnance de concession de la mine de houille des Petits-Châteaux (Saône-et-Loire) du 17 novembre 1833.

Le sieur Dautun, propriétaire à Valvron (1), forma en 1816, une demande en concession pour une mine de houille qu'il avait découverte dans sa propriété : en 1822 cette propriété fut vendue au sieur Charleuf. Les héritiers du sieur Dautun formèrent en 1827, comme représentants de leur auteur, une nouvelle demande en concession contre laquelle le sieur Charleuf se porta opposant et demandeur en concurrence, prétendant qu'en lui vendant la propriété de Valvron en 1822, les ayant-droit du sieur Dautun lui avaient en même temps vendu la mine ou leurs droits sur elle. Le tribunal d'Autun par jugement du 13 juillet 1827, rejeta la prétention du sieur Charleuf qui contestait aux héritiers Dautun la faculté de se porter demandeurs en concession, attendu que l'acte de vente de 1822 n'avait pu évidemment conférer la propriété de la mine, que cette propriété de la mine ne pouvait s'obtenir que par l'effet d'une concession du gouvernement seul juge des titres et moyens des prétendants. L'instruction administrative ayant repris son cours à la suite de ce jugement, le sieur Charleuf fit de nouveaux travaux d'exploration et la concession lui fut accordée par ordonnance du 17 novembre 1833. D'après cette ordonnance, l'indemnité due pour droit d'invention, en vertu de l'article 16 de la loi du 21 avril 1810 est fixée à 1500 francs, laquelle somme sera payée à qui de

(1) Id., 3e série, tome V, page 701.

droit par le sieur Charleuf *à moins qu'il ne soit reconnu* que le droit d'invention a été compris dans la vente qui lui a été faite en 1822.

Les tribunaux se sont ainsi trouvés appelés à décider si l'acte de vente de 1822 portait aliénation des droits d'inventeur, et si le concessionnaire devait payer 1500 francs d'indemnité aux héritiers Dautun pour le solde de ces droits.

Indemnité dues aux inventeurs, explorateurs ou anciens exploitants pour travaux antérieurs à la concession.

Cette seconde indemnité complètement distincte de la première est le solde d'une dépense faite et doit être réglée par le conseil de préfecture conformément à l'article 46 de la loi :

ARTICLE 46.

« Toutes les questions d'indemnité à payer par les » propriétaires de mines, à raison des recherches ou » travaux antérieurs à l'acte de concession seront décidées conformément à l'article 4 de la loi du 28 pluviôse an VIII. »

L'inventeur de la mine peut n'être pas le seul à avoir fait des travaux antérieurs à la concession : d'autres explorateurs peuvent avoir fait des recherches à son imitation, enfin dans certains cas, la mine peut avoir été exploitée avant la concession et il y a lieu à indemniser l'ancien exploitant qui a exécuté des ouvrages d'art utiles à l'exploitation ultérieure. Aux termes de l'article 46 toutes ces indemnités sont réglées par le conseil de préfecture qui estime les travaux antérieurs à la concession au double point de vue de leur importance comme recherches et de leur utilité pour l'exploitation future. Ajoutons que le législateur a pris un tel soin des indemnités dues pour travaux antérieurs à la concession qu'il les a spécialement garantis et sanctionnés par les prescriptions de l'article 20 :

ARTICLE 20.

« Une mine concédée pourra être affectée par privi-
» lège en faveur de ceux qui par acte public et sans
» fraude justifieraient avoir fourni des fonds pour les
» recherches de la mine, ainsi que pour les travaux
» de construction ou confection de machines nécessaires
» à son exploitation, à la charge de se conformer aux
» articles 2103 et autres du Code civil, relatifs aux
» privilèges. »

En attribuant aux conseils de préfecture le règlement de ces indemnités, l'article 46 déroge à la compétence des tribunaux ordinaires, et le législateur a fait aussi une heureuse application de ce principe, qui veut que les tribunaux administratifs soient saisis toutes les fois que l'intérêt général est en jeu. C'est qu'en effet, il ne s'agit pas de faire solder intégralement par le concessionnaire, tous les travaux sans distinction faits par les explorateurs ou anciens exploitants avant l'époque de la concession, qu'ils aient été fructueux ou non comme recherches, qu'ils soient utiles ou non à l'exploitation future, comme ouvrages d'art. Le règlement de cette indemnité est lié aux intérêts généraux de l'industrie minérale et touche essentiellement à l'action administrative. Car si d'un côté il faut encourager l'industrie de la recherche des mines, en lui accordant une indemnité équitable, d'autre part, il faut aussi ménager l'industrie de l'exploitation des mines, en n'imposant pas aux concessionnaires l'obligation de solder des travaux inutiles à l'exploitation à venir, ou des recherches qui n'ont rien appris sur le gîte. Or, satisfaire à la fois ces deux intérêts généraux, c'est essentiellement faire œuvre d'administration. Cette compétence du conseil de préfecture, devra s'étendre également aux indemnités à régler pour travaux antérieurs à une concession ancienne faite avant 1810, ainsi que cela ressort d'une ordonnance du 17 avril 1822. (1)

Lorsque le conseil de préfecture est appelé à régler les indemnités dues par les concessionnaires pour travaux antérieurs à la concession, il ordonne le plus ordinairement une expertise soumise dès lors aux dispositions de l'article 87.

ARTICLE 87.

« Dans tous les cas prévus par la présente loi, et au-
» tres naissant des circonstances où il y aura lieu à
» expertise, les dispositions du titre XIV du Code de
» procédure civile, articles 303 à 323 seront exécutées. »

Rappelons que les dispositions de cet article, et en général les expertises dont il s'agit au titre IX de notre loi, ne s'appliquent qu'aux travaux des mines. Les pres-

(1) J. Et. Dupont. Jurisp. des mines p. 330.

criptions des articles 87 à 92 ne devront donc pas s'appliquer à l'évaluation de l'indemnité due par l'exploitant, pour travaux faits à la surface, indemnité basée sur le double de ce qu'aurait produit net le terrain dont la prise de possession est autorisée et qui sera de la compétence du juge de paix *avec la procédure de ce tribunal.*

Pour nous résumer au sujet des indemnités dues pour travaux antérieurs à la concession, nous ne croyons pouvoir mieux faire que de citer le passage suivant, d'une ordonnance du 13 septembre 1820, qui nous donne la véritable règle d'appréciation en cette matière. (1)

« Dans l'examen de ces questions, dit l'ordonnance,
» seront considérés comme travaux utiles aux conces-
» sionnaires d'une part, tous les puits, galeries et ou-
» vrages d'art quelconques, qui seront reconnus
» applicables à la poursuite d'une bonne exploitation,
» et d'autre part tous les ouvrages d'art qui seront
» reconnus avoir contribué à faire connaître le gîte
» exploitable. Le tout, d'après le procès verbal dressé
» par l'ingénieur des mines, ou d'après les expertises
» que le conseil de préfecture ordonnera s'il y a lieu,
» conformément à l'article 88 de la loi de 1810. »

SECTION III.

Obligations des concessionnaires de mines vis-à-vis du gouvernement.

Des obligations imposées aux concessionnaires de

(1) Richard. Législation française sur les mines, n° 159.

mines vis-à-vis du gouvernement, les unes ont un caractère de généralité atteignant tous les concessionnaires indistinctement : elles ont pour origine les lois, décrets et règlements généraux : les autres, plus spéciales, dérivent des clauses insérées dans l'acte de concession, et varient selon qu'elles s'appliquent à telle ou telle concession.

Nous devons d'abord examiner les obligations présentant un caractère de généralité, celles qui dérivent des lois, décrets et règlements généraux.

Du droit de redevance appartenant à l'Etat.

Remarquons d'abord que le propriétaire d'une mine, n'est point assujetti aux termes de l'article 32 à payer patente. L'industrie des concessionnaires consistant à exploiter leur propre fonds, la loi ne pouvait les assujettir au paiement de la patente, pas plus que le propriétaire de la surface ou d'une carrière. Quant aux obligations imposées au concessionnaire, elles correspondent au double droit du gouvernement, consacré par la loi de 1810, droit de redevance et droit de surveillance.

Le droit de redevance à son tour se subdivise en deux sortes : l'une fixe, calculée en raison de l'étendue des concessions, l'autre proportionnée aux produits de l'extraction ainsi qu'il est dit aux articles 33 et 34.

ARTICLE 33.

« Les propriétaires de mines sont tenus de payer à

» l'Etat une redevance proportionnée au produit de » l'extraction. »

ARTICLE 34.

« La redevance fixe sera annuelle, et réglée d'après » l'étendue de celle-ci (l'extraction); elle sera de 10 » francs par kilomètre carré. — La redevance pro- » portionnelle sera une contribution annuelle, à la- » quelle les mines seront assujetties sur leurs pro- » duits. »

La redevance fixe, aux termes de l'art. 34 est de 10 francs par kilomètre carré, soit de 10 centimes par hectare. L'instruction ministérielle du 3 août 1810 en réglemente la perception en ces termes : (§ 12)

« L'exploitation des mines, minières ou carrières, » n'est pas sujette à patente ; mais les propriétaires » de mines doivent payer annuellement : 1° une rede- » vance fixe par kilomètre carré de la concession » accordée. Il est évident que cette redevance porte » sur l'étendue de la concession rapportée à un plan » horizontal, soit que la concession ait été accordée » par limites verticales ou par couches. Ce serait » éluder la loi que de prétendre que les concessions » par couches de minerais ne doivent payer cette rede- » vance que relativement à une seule surface com- » mune à toutes ces concessions. Elles peuvent être » en nombre indéfini au-dessous de cette surface : » outre que ce serait là une application inexacte de » la loi, ce serait encore encourager un mode de con- » cession reconnu généralement comme étant le plus » mauvais : et enfin, si l'une des concessions par cou- » ches était abandonnée, la redevance serait augmen-

» tée pour les concessions restantes : cette redevance » ne serait donc plus fixe. Sous aucun rapport on ne » peut voir qu'il y ait ici d'équivoque sur le sens de » la loi; et qu'est-ce d'ailleurs que cette redevance » de 10 francs par kilomètre carré? La surface con- » cédée ne sera jamais assez grande pour que cette » taxe soit importante : c'est le vœu prononcé du » gouvernement et dans le département de Jemmapes » pour lequel cette prétention a été élevée, les conces- » sions sont souvent au-dessous d'un kilomètre carré. » — L'acquittement de la redevance fixe ne présen- » tera aucune difficulté; elle sera évaluée, sur le plan » même de la concession accordée, qui fera connaître » l'étendue de sa surface. »

Les concessions en France, ne sont jamais accordées par couches de gite minéral, mais toujours par plans verticaux: Toutefois, la circulaire ci-dessus trouvera son application dans le cas assez fréquent, d'ailleurs, où le terrain forme l'objet de deux concessions différentes, l'une pour la houille par exemple, l'autre pour le fer: la redevance fixe sera alors séparément exigible pour chacune des concessions :

Quant à l'assiette de cette redevance fixe, elle est réglée par le décret du 6 mai 1841. Aux termes de l'article 1 chaque préfet doit faire dresser un tableau des mines concédées, existant dans son département. D'après l'article 2.

« Ces tableaux des concessions de mines énonceront » le nom et la désignation de la mine concédée, sa » situation, les noms, profession et demeure des » concessionnaires: l'étendue de la concession expri-

» mée en kilomètres carrés et fractions de kilomètre
» carré, jusqu'à deux décimales et la somme à perce-
» voir. »

Le même décret établit l'assiette de la redevance à imposer aux mines antérieures à la loi de 1810, et exploitées sans concession régulière, ou même sans concession dans l'intérêt de l'industrie minérale et du commerce, l'administration voulut laisser aux exploitants le temps de faire régulariser leurs titres ou d'obtenir des concessions dans les formes légales: mais les exploitants continuant ainsi à jouir des mines et à s'en attribuer le profit, il était équitable de les soumettre aux deux redevances établies en principe sur les propriétaires de mines : c'est ce qui fut fait par les articles 11 à 15 de l'ordonnance du 4 mai 1811, pour l'assiette de la redevance fixe. Les articles 36-37 déterminent la confection du rôle et les articles 40-48 le mode de recouvrement de cette redevance.

Des décharges, réductions, remises et modérations.

Le titre 6 de cette ordonnance, art. 44, 45, 46 contient les dispositions relatives aux demandes en décharge ou dégrèvement.

ARTICLE 44.

« Tout particulier concessionnaire ou non concessionnaire, exploitant des mines, qui par vente, bail,
» cessation de travaux, ou toute autre cause légale,
» aurait cessé d'être imposable aux redevances fixes

» et proportionnelles et qui aurait été porté sur les » rôles, et tous ceux qui réclameront des réductions, » soit en raison des taxes d'office, faute d'avoir fait ré» gulariser en temps utile leurs exploitations, soit pour » cause d'erreur dans l'énoncé de l'étendue superfi» cielle des concessions, adresseront leurs réclamations » au préfet. »

ARTICLE 45.

« Ces réclamations seront accompagnées de pièces » justificatives : elles seront renvoyées à l'ingénieur » des mines, qui après avoir fait les vérifications né» cessaires, fournira son avis motivé.

ARTICLE 46.

« S'il y a lieu à ce que la cote soit réduite, le con» seil de préfecture prononcera la quotité de la réduc» tion, sauf le pourvoi selon les lois. »

Des dispositions de ces articles il ressort que les réclamations contre la redevance fixe doivent être instruites de deux manières différentes, selon que la demande a pour objet une simple réduction de la redevance ou une décharge complète : dans le premier cas le préfet soumet sa demande au conseil de préfecture qui prononce la quotité de la réduction, sauf le pourvoi selon les lois : dans le second cas, le préfet doit transmettre la demande avec son avis motivé à l'administration supérieure, seule compétente pour décider la question.

Cette distinction se trouve consacrée par une circulaire du ministre de l'intérieur, du 1er Septembre 1812, (1) et par une ordonnance du 8 Janvier 1817, annulant un arrêté du conseil de préfecture de la Lozère, lequel avait prononcé la décharge de la redevance fixe sur les mines de plomb de Saint-Sauveur, avant que la renonciation à la concession de ces mines eût été admise et prononcée suivant les lois.

« Considérant, dit l'ordonnance, que le conseil de » préfecture en déchargeant les concessionnaires de la » redevance fixe à laquelle ils étaient imposés pour » 1811, n'a pas fondé sa décision sur une renonciation » faite et admise conformément aux lois, mais qu'il a » établi dans les motifs de son arrêté, le fait de cette » renonciation par des considérations dont l'examen » ne lui appartenait pas....

» Notre conseil d'Etat entendu;

» Nous avons ordonné et ordonnons ce qui suit:

» Art. 1er. — L'arrêté du conseil de préfecture du » département de la Lozère, du 23 Juin 1812 est » annulé;

» Art. 2. — Les parties sont renvoyées à se pour- » voir devant qui de droit, pour faire prononcer sur le » fait de la renonciation, sauf à elles à présenter en- » suite leurs demandes en décharge au conseil de pré- » fecture, s'il y a lieu. »

De cette ordonnance, il résulte implicitement que lorsqu'une mine concédée est inexploitée, la redevance fixe n'en est pas moins due par le concessionnaire jus-

(1) V. Et. Dupont, jurisp, des mines, t. 1, p. 343

qu'à ce que le retrait de la concession ait été prononcé par le chef du gouvernement.

Un arrêt de la cour de cassation du 14 Juin 1830, (1) nous fournit l'objet d'une dernière observation, relativement à la redevance fixe. Des dispositions de cet arrêt, il résulte que la redevance fixe, n'est pas à proprement parler une contribution, attendu qu'elle n'est pas réglée chaque année par le budget de l'Etat, comme les contributions de toutes sortes, qu'elle est déterminée par la loi de 1810, d'après des éléments invariables et n'est point soumise aux mutations annuelles du budget; aussi l'arrêt précité décida-t-il que la redevance fixe ne pouvait concourir à la formation du cens électoral.

Redevance proportionnelle.

L'obligation de payer une redevance fixe a été imposée aux concessionnaires comme moyen de prévenir de leur part, des demandes de concession trop étendue, Cette redevance devait du reste être fixée à un taux modique puisqu'elle atteint les terrains peu riches en gites minéraux, aussi bien que ceux qui en présentent en plus grande abondance.

La redevance proportionnelle aux produits de l'extraction repose sur une autre base :

« La redevance proportionnelle, dit l'article 35 sera
» réglée chaque année par le budget de l'Etat, comme

(1) Sirey 30. 1. 207.

» les autres contributions publiques: Toutefois, elle ne » pourra jamais s'élever au dessus de 5 % du produit » net. Il pourra être fait un abonnement pour ceux » des propriétaires qui le demanderont. »

Cette redevance doit-être calculée proportionnellement au produit net, et non proportionnellement au produit brut, lequel par la raison que les dépenses d'exploitation sont essentiellement variables, d'une mine à l'autre, n'équivaut pas à une évaluation exacte de la situation respective de chaque entreprise.

« Aux termes de l'article 36, il sera imposé en sus » un décime par franc, lequel formera un fonds de non » valeur, à la disposition du ministre de l'intérieur pour » dégrèvement en faveur des propriétaires des mines » qui éprouveront des pertes ou accidents. »

Comme pour la redevance fixe, le décret du 6 mai 1811 a complété les dispositions de la loi du 21 avril 1810, en ce qui concerne le mode d'assiette et de recouvrement de la redevance proportionnelle sur les mines concédées ou non concédées. Le titre 2 concernant l'assiette de cette redevance est subdivisé en deux sections suivant qu'il s'agit de la régler sur les mines concédées (art. 16 à 29) ou sur les mines non concédées (art. 30) Il résulte notamment de ces dispositions que la redevance proportionnelle est fixée sur le rapport de l'ingénieur des mines par un comité d'évaluation départemental composé du préfet, de deux membres du conseil général désignés par le préfet, du directeur des contributions directes, de l'ingénieur des mines et de deux des principaux propriétaires de mines dans les départements où il y a un nombre suffisant d'exploitations. Ce comité procède aux appréciations du produit net, soit d'office, soit en ayant égard aux déclarations des exploitants qui les auront fournies. Pour éclairer le comité, le préfet et l'ingénieur des mines réunissent d'avance tous les renseignements qu'ils jugent nécessaires, et le comité doit avoir égard à ces renseignements.

Une instruction du directeur général des mines du 26 mai 1812 fait observer que les comités de répartition et d'instruction ont admis en 1811 pour parvenir à la fixation des produits nets imposables des dépenses qui par leur nature ne devaient pas figurer dans le compte des dépenses: telles sont celles de premier établissement ou qui ont été faites dans la vue d'un plus grand produit et pour assurer l'existence des mines pendant un temps indéterminé: les intérêts des actions, de mise de fonds de réserve, et de sommes employées pour confection de routes: les dépenses faites à Paris ou dans tout autre ville éloignée du centre d'exploitation par diverses sociétés concessionnaires de mines pour escompte d'effets, frais de bureaux, honoraires des sociétaires, droit de présence aux assemblées, jetons et bougies. « Toutes ces » dépenses, poursuit l'instruction, ne doivent pas en» trer en compte; il n'y a que celles faites sur l'ex» ploitation, dans l'année courante, et communé» ment désignées sous le nom de *frais dits d'extrac-* » *tion* qui puissent être déduites. »

Cette doctrine marquée au coin de la fiscalité, a été

avec raison, combattue comme étant peu conforme à l'esprit de la loi du 21 Avril 1810 d'après lequel la redevance proportionnelle doit s'établir sur le produit net, ce qui doit s'entendre du produit réel, et non d'un produit net de convention.

Notons néanmoins qu'il s'agit du revenu net de la mine pendant un exercice distinct, sans tenir compte des déficits antérieurs ; de telle sorte que, lorsqu'une mine a été en perte pendant un exercice et n'a pas due conséquemment être imposée à la redevance proportionnelle, l'année suivante, il n'y a plus lieu désormais de porter en ligne de compte, le déficit du précédent ou des précédents exércices.

« Ce principe écrit, M. Etienne Dupont, jurisp. des » mines, t. 1, p. 368, est conforme aux règles géné» rales admises en matière d'impôt foncier, il est con» forme en outre, aux dispositions du décret du 6 Mai » 1811, qui porte que les états annuels d'exploitation » forment la base du travail pour l'établissement de la » redevance proportionnelle ; on en trouve une appli» cation dans la décision de M. le ministre des travaux » publics du 28 février 1835, rendue relativement aux » mines de cuivre de Cheny et Sainbel, d'après l'avis » du conseil général des mines. — De ce principe » il suit que les dépenses de premier établisse» ment, d'ouvrages nécessaires à l'exploitation doi» vent être précomptées en totalité pour l'année » dans laquelle elles auront été faites, sans pouvoir » donner lieu à un report ou à un prélève» ment par annuités, dans le cas où elles excéderaient » la valeur du produit brut ; il suit également que pour

» la première année de l'exploitation d'une mine, la » redevance proportionnelle doit s'établir sans avoir » égard aux dépenses faites avant l'institution de la » concession. »

Lorsqu'une mine est affermée, le prix du fermage ne doit pas être considéré comme le produit net imposable, mais d'après les instructions mêmes de l'administration, ce produit net est déterminé, abstraction faite de la ferme et en se référant au produit brut dont on déduit les dépenses corrélatives à l'exercice pour lequel l'imposition a lieu.

Enfin pour cette redevance proportionnelle, comme pour la redevance fixe, deux mines formant deux concessions distinctes doivent être considérées isolément, quoique appartenant au même propriétaire ; en conséquence, si l'une des mines donne du bénéfice et l'autre de la perte, le déficit de l'une ne doit pas être déduit sur le bénéfice de l'autre.

Les propriétaires de mines qui en font la demande, peuvent, aux termes de l'article 35 de la loi du 21 Avril 1810, obtenir un abonnement à la redevance proportionnelle, d'après l'instruction ministérielle du 3 Avril 1810, la durée de cet abonnement ne doit pas excéder cinq années, mais il peut être renouvelé après ce terme et fixé en raison de l'état des exploitations et des circonstances qui influent sur leur activité. Quant aux formalités à remplir pour obtenir cet abonnement, elles sont indiquées dans les articles 31 à 35 du décret du 6 Mai 1811.

Lorsque l'abonnement est accordé, l'exploitant n'en est pas moins tenu de fournir tous les ans pendant la période de l'abonnement, la déclaration des produits et dépenses de sa mine, exigée par l'article 27 du décret de 1811. Ces déclarations annuelles des exploitants accompagnées chaque fois des observations de l'ingénieur sont destinées à éclairer l'administration à la fin de la période d'abonnement lorsqu'il s'agira de statuer sur son renouvellement.

Demande en réduction et décharge de la redevance proportionnelle.

Cette matière est réglée par les dispositions des articles 37 et 38 de la loi de 1810, complétées par celles des articles 44 à 57, titre 6 du décret du 6 Mai 1811 et portant que les réclamations à fin de dégrèvement ou de rappel à l'égalité proportionnelle, seront jugées par le conseil de préfecture. Au reste, le dégrèvement sera de droit, lorsque l'exploitant justifiera que la redevance excède 5 0/0 du produit net de son exploitation.

Il est une nature de demandes qui sort des attributions du conseil de préfecture, et sur laquelle le gouvernement seul doit être appelé à statuer, ce sont les demandes qui tendent à obtenir la remise de tout ou partie de la redevance proportionnelle. L'article 63 en mettant à la disposition du ministre de l'intérieur, 10 centimes additionnels ajoute que cette redevance formera un fonds de réserve en faveur des propriétaires des mines qui éprouveront des pertes ou accidents C'est donc l'obtention d'une faveur et non d'un droit, que ces demandes ont pour objet : par conséquent elles ne peuvent s'adresser qu'à la bienveillance du gouvernement et non à la juridiction du conseil de préfecture.

L'article 39 de la loi de 1810, règle la destination du produit des deux redevances dans les termes suivants.

ARTICLE 39.

« Le produit de la redevance fixe et de la redevance » proportionnelle formera un fonds spécial, dont il sera » tenu un compte particulier au trésor public, et qui » sera appliqué aux dépenses de l'administration des » mines, et à celle des recherches, ouvertures, mises » en activité des mines nouvelles ou rétablissement des » mines anciennes. »

Dans les premières années qui ont suivi la promulgation de la loi de 1810 le produit des deux redevances forma en effet un fonds spécial, mais depuis 1815, les fonds spéciaux ayant été supprimés, les redevances et revenus des mines ont été confondus dans les produits généraux de l'Etat.

Un arrêt du conseil d'Etat du 7 Juin 1851, nous indique la solution à une difficulté qui s'était élevée à la taxe des biens de main morte créée par la loi du 20 février 1849. L'article 23 de cette loi est ainsi conçu :

« Il sera établi à partir du 1er Janvier 1849, sur les » biens immeubles passibles de la contribution foncière » appartenant aux départements, communes, hospi- » ces, séminaires, fabriques, congrégations religieuses, » consistoires, établissements de charité, bureaux de » bienfaisance, sociétés anonymes et tous les établis- » sements publics légalement autorisés, une taxe an- » nuelle représentative des droits de transmission » entre-vifs et par décès. Cette taxe sera calculée à

» raison de soixante-deux centimes et demi pour franc
» du principal de la contribution foncière. »

En nous reportant à ce qui a été dit sur la nature de la propriété des mines, nous voyons que l'acte de concession en faisant des mines une propriété nouvelle, lui donne tous les caractères de la propriété privée, par conséquent les mines ne peuvent rentrer dans la classe *des établissements publics*, et lorsqu'elles ne sont point constituées en sociétés anonymes, elles doivent échapper à la taxe des biens de main-morte. Tel est le pricipe consacré par le conseil d'Etat dans l'arrêt précité du 7 Janvier 1857.

Les compagnies des mines d'Anzin, de Douchy et de Vicoigne ayant été imposées en 1849, à la taxe des biens de main morte pour les mines et divers immeubles qu'elles possèdent, ont réclamé par le motif qu'elles étaient constituées en sociétés civiles et non en sociétés anonymes et que la loi de 1849 ne s'applique qu'à cette dernière forme de société. Le conseil de préfecture du Nord a admis leur réclamation. Le ministre des finances s'étant pourvu contre la décharge prononcée par le conseil de préfecture, le conseil d'Etat a rejeté son pourvoi par le motif suivant :

« Considérant qu'il résulte des pièces ci-dessus vi-
» sées que la compagnie des mines d'Anzin n'est pas
» constituée en société anonyme, et qu'elle ne peut
» être considérée comme un établissement public léga-
» lement autorisé dans le sens de la loi du 20 février
» 1849 : que dès lors, elle n'est pas imposable à la taxe
» établie par cette loi.... (1)

(1) Annales des mines, 4e série, t. XIX, p. 724.

Notons pour terminer l'examen des diverses questions relatives aux redevances, qu'indépendamment de l'impôt dont il vient d'être question les concessionnaires sont soumis, aux termes de l'article 16 de la loi du 21 mai 1836 à contribuer à l'entretien des chemins qui servent à leur exploitation, dans la proportion de la dégradation qu'ils y causent. Les subventions imposées peuvent être au choix des subventionnaires acquittées en argent ou en prestations en nature.

Après avoir parlé des diverses contributions dues par le concessionnaire à l'Etat, nous avons encore à examiner d'autres devoirs que tous les concessionnaires en général ont à remplir envers l'Etat. Après le devoir imposé à toute personne voulant exploiter une mine, d'en obtenir la concession de l'Etat, vient immédiatement celui de respecter cet acte constitutif, de maintenir l'unité de la concession.

C'est ce principe que proclame l'article 7 en défendant qu'une mine soit vendue par lots ou partagée sans une autorisation préalable du gouvernement donnée dans les mêmes formes que la concession. Le but principal de l'article 7 en interdisant le partage des mines concédées étant surtout d'interdire le partage de l'exploitation et d'organiser dans chaque concession un système de travaux concourant nécessairement à un but unique, bien plutôt que d'assurer les redevances à l'Etat, nous concluons contrairement à un arrêt de cassation du 30 décembre 1837 (1), que l'amodiation partielle d'une concession de mines, opérée sans l'approbation formelle du gouvernement est interdite.

(1) Sirey Devilleneuve, 38, 1, 91. (Neyron.)

Nous adopterons la même solution pour le cas où un concessionnaire voudrait subroger à son droit le propriétaire d'un terrain enclavé pour l'exploitation séparée des charbons existant dans son terrain : il y aurait là un partage de la mine dont la loi détermine formellement les conditions. L'article 7 en prononçant l'indivisibilité des concessions sans l'autorisation du gouvernement pour forcer les concessionnaires à exploiter chaque mine avec ensemble et harmonie, manque de sanction ainsi que le faisaient remarquer les rapporteurs de la loi du 27 avril 1838. C'est pour consulter cette lacune que fut rédigé l'article 7 de ladite loi :

« Lorsqu'une concession de mine appartiendra à » plusieurs personnes ou à une société, les concessionnaires ou la société devront, quand ils seront » requis par le préfet, justifier qu'il est pourvu par » une convention spéciale, à ce que les travaux d'exploitation soient soumis à une direction unique et » coordonnés dans un intérêt commun. — Ils seront » pareillement tenus de désigner, par une déclaration » authentique faite au secrétariat de la préfecture, » celui des concessionnaires ou tout autre individu » qu'ils auront pourvu des pouvoirs nécessaires pour » assister aux assemblées générales, pour recevoir » toutes notifications et significations et, en général, » pour les représenter vis-à-vis de l'administration, » tant en demandant qu'en défendant. Faute par les » concessionnaires d'avoir fait, dans le délai qui leur » aura été assigné, la justification reprise par le paragraphe 1er du présent article, ou d'exécuter les clauses de leurs conventions qui auraient pour objet » d'assurer l'unité de la concession, la suspension de

» tout ou partie des travaux pourra être prononcée par » un arrêté du préfet sauf recours au ministre, et, s'il » y a lieu, au conseil d'Etat, par la voie contentieuse, » sans préjudice d'ailleurs de l'application des articles » 93 et suivants de la loi du 21 avril 1810. »

La nécessité d'une direction unique est donc désormais une chose sérieuse et l'administration est suffisamment armée pour que sa justification ne soit pas un acte illusoire. Aux termes de ce même article, les concessionnaires étant tenus de déléguer un représentant vis-à-vis de l'administration, ce représentant devait naturellement être astreint à élire un domicile où pussent lui être adressés les actes administratifs : c'est ce que formule explicitement l'ordonnance du 18 avril 1842 ainsi conçue :

ARTICLE 1er.

« Tout concessionnaire de mines devra élire un » domicile administratif qu'il fera connaître par une » déclaration adressée au préfet du département où » la mine est située.. »

ARTICLE 2.

« En cas de transfert de la propriété de la mine, » à quelque titre que ce soit, l'obligation énoncée » en l'article précédent est également imposée au » nouveau propriétaire. »

Dans le cas de vente, cession ou tout autre acte translatif de la propriété totale de la mine, l'autorisation gouvernementale n'est plus nécessaire aux termes de la loi de 1810, mais les nouveaux propriétaires devront dans tous les cas désigner un représentant et indiquer un domicile administratif.

Nécessité d'une autorisation du gouvernement pour sanctionner la concentration de plusieurs concessions dans les mains du même propriétaire.

La conséquence naturelle du principe de la liberté des transactions ou cessions en matière de mine est que toute personne peut acquérir la propriété d'une mine : de là création d'un monopole au profit des sociétés qui pour étouffer la concurrence, concentraient plusieurs concessions entre leurs mains. Le décret du 23 octobre 1852 trancha la controverse qui s'était élevée à ce sujet et mit fin à tout abus en faisant défense à tout concessionnaire de mines, de quelque nature qu'elles soient, de réunir sa ou ses concessions à d'autres concessions de même nature, par association ou acquisition ou de toute autre manière sans l'autorisation du gouvernement. Notons que le gouvernement reste maître d'accorder l'autorisation et que selon les circonstances, lorsque la réunion de deux concessions pourra s'effectuer sans faire craindre un monopole et que les convenances techniques viendront à l'appui de cette réunion, il ne devra pas s'y opposer.

De la surveillance des mines par l'administration.

Les matières minérales devenues indispensables à l'industrie générale, ne se reproduisant pas comme les fruits du sol, les besoins de la consommation nécessitent de la part de l'état une surveillance toute spéciale sur l'exploitation des mines, car il arrivera souvent qu'une mine mal exploitée est une mine perdue pour l'avenir. En droit d'ailleurs, l'institution d'une concession étant un acte du pouvoir gracieux le gouvernement peut bien imposer au concessionnaire l'obligation d'exploiter le bien qu'il a reçu, de manière à ne pas compromettre les besoins des consommateurs D'où nous pouvons conclure que la surveillance des mines, constitue pour le gouvernement tout à la fois un droit et un devoir. Dans l'exposé des motifs du projet de loi, M. Regnaud de Saint-Jean d'Angely définit en ces termes l'action de l'administration sur les mines :

« L'action de l'administration sur les mines, dit-il, » est réduite aux plus simples termes: elle est renfer- » mée dans le strict besoin de la société. — Le corps » des ingénieurs des mines, dont l'organisation défi- » nitive, suivra nécessairement de près la publication » de cette loi, portera partout des lumières et des » conseils, sans imposer de lois, sans exercer aucune » contrainte sur la direction des travaux.

» Ils n'auront d'action que pour prévenir les dangers, » pourvoir à la conservation des édifices, à la sûreté » des individus.

» Ils éclaireront les propriétaires et l'administration, » ils rechercheront les faits, les constateront et ne » statueront jamais, »

M. le comte Girardin, rapporteur de la loi, disait de son côté:

« Les mines n'étant pas et ne pouvant pas être con- » sidérées comme des propriétés ordinaires, devaient » être assujéties à des règles particulières et soumises

» à une surveillance de la part de l'administration. La » manière dont elle doit être exercée, est fixée par le » titre V.

Enfin les principes de la loi de 1810, en ce qui concerne ce droit de surveillance de l'administration ont été nettement déduits par M. Sauzet rapporteur de la loi de 1838 (séance du 1er Mars 1838).

« La nature même des mines qui s'épuisent sans se » reproduire, disait le rapporteur, leur importance dans » la société qui ne peut ni se passer d'elles, ni les » remplacer : l'origine du droit qui les constitue, tout » cela impose à un état bien réglé l'obligation de con- » server un droit souverain sur les mines.

» L'exemple des autres peuples, les antécédents de » notre législation se réunissent pour prouver que » l'État n'a jamais renoncé à cette nécessité de pro- » tection sociale. La loi de 1810 elle-même repose sur » cette idée. Si elle enlève au propriétaire de la surface » le tréfonds que la loi de 1791 et le Code civil leur » conférait par droit d'accession, ce n'est que pour » garantir la bonne exploitation qu'elle consacre cette » dérogation au droit commun ; elle réserve à l'État la » délimitation de la concession et le choix du conces- » sionnaire, pour que l'un et l'autre puissent être » déterminés dans l'intérêt général des mines. Le » législateur aurait-il donné aux concessionnaires gra- » tuitement choisis le droit capricieux qu'il a enlevé » aux premiers et véritables propriétaires ? Il est » impossible de le penser. Une concession n'est pas » un caprice de faveur ou de munificence : elle est un » acte de haute administration ; en échange l'État reçoit

» du concessionnaire, l'assurance d'une exploitation
» persévérante. Cette promesse doit être efficacement
» garantie: un contrat qui n'engagerait que d'un côté
» serait une monstruosité législative. »

» Telle n'a pas été la pensée de la loi de 1810 : son
» esprit et son texte le démentent également.

» Le principe de l'exploitation obligatoire est telle-
» ment inhérent à toute concession qu'il ne suffit pas
» au titulaire qui en réunit deux sur sa tête, d'en ex-
» ploiter une seule; il est tenu d'entretenir constamment
» chacune d'elles en activité. Telle est la disposition
» formelle de l'article 31.

» Les articles 47, 48 et 49 organisent le droit de l'Etat
» sur les mines. L'article 47 maintient le droit de police
» pour la sûreté des mines et de la surface.

» L'article 48 établit la surveillance des ingénieurs :
» c'est une autorité d'avertissement et de conseil. Ils
» éclairent le propriétaire, mais ils ne le contraignent
» pas. Seulement ils dénoncent les abus à l'autorité
» dont la vigilance ainsi commandée par la loi ne sau-
» rait toujours rester vaine.

» Cette vigilance doit agir lorsque de grands intérêts
» sont compromis : tel est le devoir qui lui est tracé
» par l'article 49.

» Lorsque, porte cet article, l'exploitation est res-
» treinte ou suspendue de manière à compromettre la
» sûreté publique ou les besoins des consommateurs,
» il en sera rendu compte par le préfet au ministre de
» l'intérieur pour être statué par lui ainsi qu'il appar-
» tiendra.

» Le droit de statuer attribué au gouvernement n'est » pas défini par son mode, ni par ses effets, mais il est » caractérisé par son but. Un grand mal est signalé à » l'autorité : la source est dans la suspension des tra- » vaux : le remède c'est de les reprendre. Si le con- » cessionnaire s'y refuse, il faut bien que l'état l'y » contraigne. Il ne peut exister d'autre moyen de rendre » au marché les approvisionnements dont la privation » affecte à un haut degré le bien être public. »

Tels sont les principes renfermés implicitement dans les articles 47, 48, 49 et 50 :

ARTICLE 47.

« Les ingémeurs des mines exerceront sous les ordres » du ministre de l'intérieur et des préfets, une surveil- » lance de police pour la conservation des édifices et la » sûreté du sol. »

ARTICLE 48.

» Ils observeront la manière dont l'exploitation sera » faite, soit pour éclairer le propriétaire sur ses incon- » vénients ou son amélioration, soit pour avertir l'ad- » ministration des vices, abus ou dangers qui s'y trou- » veraient. »

ARTICLE 49.

« Si l'exploitation est restreinte ou suspendue de » manière à inquiéter la sûreté publique, ou les besoins » des consommateurs, les préfets après avoir entendu » les propriétaires, en rendront compte au ministre de » l'intérieur pour y être pourvu ainsi qu'il appartiendra. »

ARTICLE 50.

« Si l'exploitation compromet la sûreté publique, la » conservation des puits, la solidité des travaux, la sû» reté des ouvriers mineurs ou des habitations de la » surface, il y sera pourvu par le préfet, ainsi qu'il est » pratiqué en matière de grande voirie et selon les » lois. »

Prévenir les dangers, pourvoir à la conservation des édifices et à la sûreté des individus, telle est l'action à la fois répressive et préventive que la loi donne au gouvernement sur les mines. Lorsque les ingénieurs auront reconnu des vices, abus ou dangers, dans les travaux existant, ils en informeront le préfet qui pourvoira à leur modification sur le conseil des ingénieurs, en prenant un arrêté conforme aux circonstances soit en suspendant l'exploitation, soit en ordonnant certains travaux de précautions: telle est la nature de l'action répressive accordée au gouvernement par les articles 47 et 50,

Mais une action préventive lui est également accordée comme cela ressort des principes de la surveillance administrative.

Cette action préventive, le gouvernement se l'attribue dans les cahiers des charges des concessions qu'il institue par les deux clauses suivantes:

« Art. .. — Il ne pourra être procédé à l'ouverture » des puits ou galeries partant du jour pour être mis » en communication avec des travaux existants, sans » une autorisation du préfet accordée sur la demande » du concessionnaire et sur le rapport des ingénieurs » des mines.

» Art. .. — Lorsque le concessionnaire voudra » ouvrir un nouveau champ d'exploitation, il adressera au préfet un plan général de la concession, et » un mémoire indiquant son projet de travaux : le tout » dressé conformément à ce qui est prescrit par » l'article E ci-dessus. Le préfet sur le rapport des » ingénieurs des mines, approuvera ou modifiera ce » projet ainsi qu'il est dit à l'article F. »

Ces prescriptions, qu'elles soient ou non mentionnées dans les cahiers des charges des concessions, sont imposées à tout concessionnaire, comme dérivant des principes de la loi même : en effet, les préfets étant tenus de pourvoir à ce que l'exploitation ne compromette pas la sûreté des ouvriers mineurs, par exemple, devra-t-elle attendre que le mal soit fait pour le réprimer? Evidemment non : et le concessionnaire avant d'ouvrir ce puits ou cette galerie devra mettre l'administration à même d'apprécier l'opportunité de son travail.

D'ailleurs l'article 50 dit textuellement que la surveillance des mines sera exercée par les préfets comme il est pratiqué en matière de grande voirie : or en matière de voirie, nul ne peut construire le long de la voie publique sans être muni d'une permission préalable. D'après le texte même de la loi de 1810, la surveillance administrative a donc aussi un caractère préventif. Ces principes ont d'ailleurs été maintes fois proclamées par le conseil d'Etat et par les tribunaux (1) et la loi du 27 avril 1838 en

(1) Sirey, J.-P. du conseil d'Etat t. 1, p. 181. Décret du 11 août 1803, *Journal du palais*, 1827-28, Arrêt de cassation du 5 juin 1828.

sanctionnant (art. 8) à certains égards la surveillance à exercer par le gouvernement sur les mines, a implicitement confirmé cette obligation d'une autorisation administrative antérieure à l'ouverture de nouveaux travaux.

Dans le cas où le préfet a refusé l'autorisation sollicitée par un concessionnaire ou bien accordé cette autorisation à des conditions qui paraissent inacceptables, un pourvoi pourra être formé contre cet arrêté mais auprès du ministre des travaux publics, et non pas devant le conseil d'Etat ; car cet arrêté est pris en conséquence du décret de concession de la mine et l'exécution de ce décret est confiée au ministre qui seul sera compétent pour réparer une erreur commise par le préfet, son agent.

Enfin le décret du 8 janvier 1813, en imposant au concessionnaire l'obligation d'obtenir l'autorisation administrative avant d'abandonner un champ d'exploitation est venu ajouter une sanction formelle à ces principes: ces dispositions sont contenues dans les articles 8 et 9 du décret ainsi conçu :

ARTICLE 8.

« Il est défendu à tout propriétaire d'abandonner » en totalité une exploitation, si auparavant elle n'a » pas été visitée par l'ingénieur des mines.

» Les plans intérieurs seront visités par lui, il en » dressera procès-verbal, par lequel, il fera connaître » les causes qui peuvent nécessiter l'abandon.

» Le tout sera transmis par lui ainsi que son avis » au préfet du département. »

ARTICLE 9.

« Lorsque l'exploitation sera de nature à être abandonnée par portions ou étages, et à des époques différentes il y sera procédé successivement et de la manière susindiquée.

» Dans ces deux cas, le préfet ordonnera les dispositions de police, de sûreté et de conservation qu'il jugera convenables d'après l'avis de l'ingénieur des mines. »

Les obligations résultant de ces deux articles, s'appliqueront aussi bien au cas d'abandon partiel qu'au cas d'abandon total des travaux. La loi du 21 Avril 1810, en renvoyant aux lois sur la police de la grande voirie pour l'exécution de l'article 50 avait, en quelque sorte, abandonné à l'arbitraire des préfets les mesures à prendre dans les cas prévus et c'était là une lacune à laquelle il convenait de suppléer par un régime de police spécialement applicable à l'exploitation des mines. C'est pour combler cette lacune que fut rendu le décret du 3 Janvier 1813. Aux termes de l'article 3 de ce décret, lorsque la sûreté des exploitations ou celle des ouvriers se trouve compromise, les propriétaires sont tenus d'en avertir l'autorité locale Dans le cas où le danger est probable sans qu'il y ait urgence, d'après les dispositions de l'article 4, le préfet après avoir entendu l'exploitant ou ses ayant-cause prescrira les dispositions convenables par un arrêté qui sera envoyé au directeur général des mines pour être approuvé, s'il y a lieu par le ministre de l'intérieur ; en cas d'urgence, le préfet pourra ordonner que son arrêté soit provisoirement exécuté, et enfin, s'il y a danger imminent, l'article 5 confie à l'ingénieur le soin de faire sous sa responsabilité les réquisitions nécessaires aux autorités locales, pour qu'il y soit pourvu sur le champ, d'après les dispositions qu'il jugera convenables ainsi qu'il est pratiqué en matière de grande voirie, lors du péril imminent de la chûte d'un édifice.

L'ordonnance du 26 Mars 1843, est venue compléter en le modifiant, les dispositions du décret de 1813. Elle n'établit que deux distinctions pour l'exercice de la surveillance spécifiée par l'article 50, tandis que le décret en établit trois. En cas de péril imminent, l'ingénieur agit par réquisition comme dans le décret de 1813; dans le cas de danger ordinaire, l'ingénieur propose au préfet les mesures et dispositions à prendre ; le préfet entend le concessionnaire et ordonne par arrêté l'exécution de certaines mesures auxquelles il est pourvu d'office par les ingénieurs, en cas de refus du concessionnaire.

Obligations des concessionnaires de mines inondées ou menacées d'inondation.

Dans la cession de 1837, le gouvernement mis en demeure par une délibération du conseil général du département du Rhône et par une pétition signée d'un grand nombre de députés, présentait un projet de loi destiné à prévenir des accidents qui sont de nature à compromettre l'existence des mines et qui, à cette époque, menaçaient sérieusement l'existence de celles du riche bassin de Rive du Gier; nous voulons parler du cas de l'envahissement d'une mine par les eaux.

Les inondations faisant de rapides progrès dans ce groupe du bassin houiller de la Loire, l'administration fit tout ce qui était en son pouvoir pour remédier à cet état de choses. En 1832, une commission d'ingénieurs chargés de proposer un projet d'asséchement, reconnut qu'il était indispensable de ramener les eaux à trois centres d'épuisement. Mais le gouvernement n'ayant pour toute arme que les dispositions des articles 49 et 50 de la loi de 1810 ne pouvait avoir recours qu'à une intervention officieuse et ses démarches furent vaines pour amener une entente efficace entre les 28 concessions rivales qui se partageaient ce bassin; il y avait bien communauté de péril, mais beaucoup de concessionnaires se faisaient illusion sur l'imminence du danger. En présence de cette impuissance, le gouvernement présenta un projet de loi reposant sur ce principe: que l'Etat a le droit de forcer les concessionnaires à exploiter et à surmonter les obstacles qui paralysent l'exploitation.

Après une double discussion aux deux chambres, la loi fut définitivement adoptée, puis promulguée à la date du 27 avril 1838.

L'article 1er réserve au gouvernement le droit de forcer les concessionnaires à s'unir pour faire exécuter les travaux d'asséchement, ou pour arrêter les progrès de l'inondation souterraine: L'application de cette mesure sera d'ailleurs précédée d'une enquête administrative à laquelle tous les intéressés seront appelés et dont les formes seront déterminées par un réglement d'administration publique (V. ordonnance du 23 Mai 1er Juillet 1841).

C'est d'après cette enquête que le ministre, aux termes de l'article 2 de la loi décide quelles sont les concessions inondées ou menacées d'inondation qui doivent opérer à frais communs les travaux d'assèchement, Cette décision est notifiée administrativement à tous les intéressés et le recours contre elle, vu l'urgence, n'est pas suspensif. Cette dernière disposition est d'une utilité contestable, car il est de règle en matière administrative, que devant les juridictions administratives, le pourvoi n'est pas suspensif; quoi qu'il en soit, cette disposition n'a que le défaut d'être inutile.

Les concessionnaires désignés pour supporter l'assèchement de la mine, sont convoqués en assemblée générale par arrêté du préfet, pour nommer un syndicat composé suivant les cas de trois ou cinq membres. Ce syndicat doit être chargé de la gestion des intérêts communs. Les concessionnaires ont un nombre de voix proportionnel à l'importance de la concession, importance déterminée d'après le montant des redevances proportionnelles acquittées pendant les trois dernières années qui ont précédé celle où les mines ont été envahies.

L'assemblée ne peut délibérer valablement qu'autant que les membres présents surpassent en nombre le tiers des concessions et qu'ils représentent entre eux plus de la moitié des voix attribuées à la totalité des concessions comprises dans le syndicat. Les syndics sont remplacés en cas de démission ou décès, d'après le mode de nomination. Après que les syndics ont été appelés à faire connaitre leurs propositions et les intéressés leurs observations, un décret rendu dans la forme des réglements d'administration publique, règle les attributions du syndicat, fixe les bases de la répartition soit provisoire, soit définitive, de la dépense entre les concessionnaires intéressés, la forme dans laquelle il sera rendu compte des recettes et des dépenses, le choix du système et du mode d'exécution et d'entretien des travaux d'épuisement, ainsi que la fixation des époques périodiques où les taxes devront-être acquittées par les concessionnaires. Si l'arrêté modifie les propositions des syndics, le syndicat devra être de nouveau entendu dans un délai déterminé.

Instruit par l'expérience, le législateur devait prévoir le cas où l'on se trouverait en présence de l'inertie et de la résistance de l'assemblée générale : en pareil cas, la loi substitue aux syndics une commission qui est nommée d'office par le préfet, à la suite de certaines formalités et de mises en demeure. Les commissaires peuvent être rétribués: dans cette hypothèse, le ministre sur la proposition du préfet fixe le taux des traitements et leur montant est acquitté sur le produit des taxes imposées aux concessionnaires.

Après avoir chargé les syndics de dresser les rôles de recouvrement des taxes réglées en vertu des articles précédents, l'article 2 trace ensuite aux concessionnaires, la procédure administrative à laquelle ils doivent se conformer, pour les déclarations relatives à la fixation de leur quote part dans les taxes dont il s'agit, il place le jugement de ces réclamations dans les attributions du conseil de préfecture. Quant aux réclamations relatives à l'exécution des travaux, elles sont jugées comme en matière de grande voirie. En imposant ces taxes aux différents concessionnaires, le législateur a voulu formuler une disposition efficace, aussi a-t-il pris soin de prononcer la sanction de cette disposition dans l'article 6 qui dispose à titre de pénalité que dans le cas d'inexécution dans le délai de deux mois, à dater de la sommation d'exécuter les obligations mises à la charge des concessionnaires, la mine serait réputée abandonnée et le ministre pourrait prononcer contre eux le retrait de la concession.

Sans contester au gouvernement, comme le faisaient plusieurs orateurs, le droit de retirer la concession dans le cas prévu par notre article, M. Portalis pensait que la dépossession ne devait pas avoir lieu par voie administrative, mais bien par autorité de justice. C'est chose grave, nous le reconnaissons que de poser ce principe de la déchéance des mines, mais c'était chose inévitable : les mines doivent être surveillées par le pouvoir qui les concède, et il importe que la décision soit prompte : la société ne peut attendre les lenteurs d'une saisie immobilière, car le mal est grand et rapide.

Ce principe d'ailleurs se trouve contenu en germe dans les dispositions de l'article 49 de la loi de 1810 qui donne au gouvernement le droit de pourvoir ainsi qu'il appartiendra, dans les cas où l'exploitation est restreinte ou suspendue de manière à inquiéter la sûreté publique ou les besoins des consommateurs : la loi de 1838 a précisé ce qu'il y avait de vague et d'inefficace dans cette disposition de l'article 40.

Observons enfin que la loi de 1838 accorde aux concessionnaires toute la protection compatible avec les nécessités de l'intérêt général, en leur permettant d'arrêter les effets de la dépossession jusqu'au jour de la mise en adjudication de la mine (art. 6); en outre, même dans le cas d'adjudication, le prix de la concession est soldé à l'ancien concessionnaire ou à ses ayant-droit après le prélèvement des taxes de telle sorte que l'on peut voir dans cette déchéance un cas d'expropriation motivé par l'intérêt public.

Inondation d'une concession isolée.

Un deuxième cas de déchéance est prévu par l'article 9 de la loi de 1838 ainsi conçu :

« Dans les cas où les lois et règlements sur les » mines autorisent l'administration à faire exécuter » des travaux dans les mines, aux frais des conces- » sionnaires, le défaut de paiement de la part de ceux- » ci, donnera lieu contre eux à l'application des dis- » positions de l'article 6 de la présente loi. »

Cet article 9 est venu apporter à la surveillance des mines dont le principe est posé dans l'article 50 de la loi de 1810 complété par les décrets du 3 janvier 1813 et l'ordonnance du 26 mars 1843, la sanction pénale qui lui manquait.

« Indépendamment des inondations générales qui » envahissent tout un bassin houiller, trouve-t-on dans » l'exposé des motifs de la loi de 1838, ou seulement » plusieurs mines à la fois, d'autres dangers tels que » les éboulements, l'incendie, des inondations par- » tielles, peuvent atteindre l'intérieur d'une exploita-

» tion. Le décret du 3 janvier 1813 autorise dans ces » circonstances l'administration à faire exécuter les » travaux que la situation des choses peut exiger, mais » il ne donne pas le moyen de contraindre au paiement » des frais avancés.

» Nous pensons, Messieurs, que nous devons tout-à-» fait assimuler ce cas à celui que prévoit l'article 0 : » l'analogie est incontestable, l'exploitation est évidem-» ment compromise et interrompue : on doit employer » les mêmes moyens et recourir à la même pénalité. »

Ainsi donc au cas où les mines d'une concession unique sont inondées, et lorsqu'il n'y a pas danger d'inondation pour les concessions voisines, c'est en vertu de l'article 50 de la loi de 1810 que le préfet ordonnera, le cas échéant, l'exécution d'office de certains travaux, aux frais du concessionnaire : si ce dernier se refuse à payer, il sera contraint par les dispositions de l'article 9 de la loi de 1838 qui en sont la sanction.

Enfin l'article 10 de cette même loi, formant la sanction de l'article 49 de la loi de 1810 consacre un troisième cas de déchéance contre le concessionnaire qui laisserait l'exploitaiion de sa mine restreinte ou suspendue, de manière à inquiéter les besoins des consommateurs.

Obligation des concessionnaires en cas d'accident.

Il n'est pas possible de prescrire d'une manière générale les mesures à prendre pour éviter les accidents dans les mines, aussi l'article 50 de la loi du

21 avril 1810 laisse-t-elle aux préfets une latitude suffisante pour ordonner sur le rapport des ingénieurs des mines les mesures préventives spéciales à chaque cas. Nous citerons à titre d'exemple de cette nature ceux par lesquels l'emploi des lampes de sûreté est ordonné dans les mines où il existe du gaz inflammable ou grisou.

Outre les mesures préventives pour lesquelles les préfets jouissent d'une certaine appréciation, nous trouvons des mesures générales prescrites en prévision des accidents par les articles 15 et 16 du décret du 3 janvier 1813 et qui exigent l'entretien dans l'établissement des médicaments et moyens de secours indiqués par le ministre de l'intérieur dans le cas où la mine contient un nombre assez considérable d'ouvriers, les concessionnaires devront même entretenir à leurs frais un chirurgien spécialement attaché à l'établissement.

Enfin, lorqu'un accident est arrivé, les mesures à prendre sont spécifiées dans le décret de 1813, articles 11, 13. 14, 17, 18, 19, 20, 21, 22.

De ces articles il résulte que tout exploitant de mines est tenu de prévenir d'urgence le maire de la commune et l'ingénieur des mines des accidents qui surviennent dans son exploitation. Cette obligation est impérieuse, notons le bien, et il est arrivé maintes fois que les tribunaux ont sévi contre les exploitants qui avaient négligé de s'y soumettre. L'ingénieur des mines et le maire doivent se rendre sur les lieux dès qu'ils sont prévenus. Ils ont le droit, comme dans le cas de péril imminent de faire des réquisitions d'outils, chevaux et hommes et de donner les ordres nécessaires.

Une obligation qui n'est pas spécifiée dans le décret mais qui résulte de la nature des choses, c'est celle pour l'exploitant de présenter à l'ingénieur des mines les outils ou autres objets qui seront présumés être la cause de l'accident et de ne déplacer ni dénaturer ces pièces avant la visite de l'ingénieur, sauf ce qui serait indispensable pour secourir les blessés et prévenir de nouveaux accidents.

Constatons en terminant le lien de solidarité qui unit tous les concessionnaires en cas d'accident; les exploitants voisins de la mine où un accident se produit, sont tenus de fournir tous les moyens de secours dont ils pourront disposer soit en hommes, soit de toute manière, sauf leur recours pour indemnité contre qui de droit.

Obligation de tenir des plans et registres d'avancement des travaux.

Cette obligation dérive d'une manière implicite des dispositions de l'article 50 de la loi de 1810. Voici d'ailleurs, ce que nous lisons à ce sujet dans l'instruction ministérielle du 3 Août 1810.

« Une obligation essentielle qui doit aussi être énon-
» cée aux actes de concession et permission et dont
» les exploitants éclairés sentiront bien toute l'impor-
» tance, c'est celle d'avoir des plans et coupes des tra-
» vaux à mesure de leurs progrès. Sans cette pratique
» indispensable on est exposé à chaque instant dans
» l'intérieur des mines à toutes sortes d'accidents dé-

» sastreux. La confection des plans dans les travaux » des mines est une mesure de sûreté publique et » de la plus grande utilité pour l'intérêt de l'exploi- » tant ; il est donc nécessaire que chaque exploitant, » adresse au préfet de son département, tous les ans » dans le mois de janvier ou février au plus tard, les » plans et coupe sur une échelle d'un millimètre » pour mètre, des travaux faits pendant l'année pré- » cédente : et il joindra à ce premier envoi, pour les » mines entièrement exploitées, les plans des travaux » précédemment exécutés, autant qu'il sera possible » de le faire. Ces plans seront transmis à l'ingénieur » en chef de l'arrondissement ou à l'ingénieur ordi- » naire en faisant les fonctions, pour être vérifiés et » conservés avec ordre dans leurs bureaux, afin d'être » consultés au besoin. »

Cette obligation pour l'exploitant, de tenir sur les mines un plan et un registre d'avancement des travaux est aussi spécifiée dans l'article 6 du décret du 3 janvier 1813 : et comme sanction à cette obligation l'ordonnance réglementaire du 26 mars 1843 donne au préfet le pouvoir de faire prendre d'office les dispositions auxquelles l'exploitant se refuse et d'ordonnancer les frais qui s'y rapportent dans un mandement exécutoire qui est recouvré par les receveurs des domaines.

Bornage des concessions.

Tous les concessionnaires, qu'ils aient ou non des voisins sont tenus de faire procéder à un bornage administratif de la concession en présence des ingénieurs du gouvernement; ce bornage intéresse le gouvernement à un double titre: il doit veiller à ce que le concessionnaire restreigne son exploitation au périmètre concédé et en second lieu, au point de vue de la redevance fixe, il lui importe de faire établir d'une manière exacte la contenance de chaque périmètre concédé.

Obligations spéciales à chaque concession.

Après l'examen des obligations qui dérivent directement et explicitement pour tous les concessionnaires sans exception des lois et règlements sur les mines, nous devons nous occuper des obligations particulières insérées dans le cahier des charges.

Les mines ne pouvant être exploitées qu'en vertu d'un acte de concession sans lequel elles n'ont pour ainsi dire qu'une existence latente, le principe fondamental en cette matière sera donc que toutes les clauses insérées dans cet acte seront obligatoires et qu'il devra accepter toutes les clauses que contient cet acte : car l'acceptation de l'un entraîne nécessairement l'acceptation des autres. Le cahier des charges variant nécessairement avec chaque concession, selon la nature des terrains, des gisements, nous nous contenterons d'indiquer quelques-unes des obligations qui présentent un caractère plus général. Ainsi, par exemple, dans le cas où les travaux projetés par les concessionnaires devront s'étendre sur le territoire d'une ville, il ne pourra y être donné suite qu'après une autorisation expresse du préfet sur le rapport de l'ingénieur des mines et après que le maire et le conseil municipal de la ville ainsi que les propriétaires intéressés auront été entendus et cette autorisation sera refusée s'il est reconnu que l'exploitation peut compromettre la sûreté du sol, la conservation des édifices et la sécurité des habitants. Nous trouvons cette clause insérée dans le cahier des charges des concessions voisines des villes de St-Etienne et de Rive de Gier, comme l'on trouve prévu dans l'acte de concession des mines de houille de St-Germain-des-Prés (Maine-et-Loire), le cas où la concession se trouve dans le voisinage d'une rivière.

Dans ce cas encore, l'autorisation du préfet donnée sur le rapport de l'ingénieur des mines sera nécessaire. S'il s'agit d'un canal, les concessionnaires devront donner caution de payer l'indemnité exigée par l'article 13 de la loi du 21 avril 1810. Ils pourront être obligés, s'il y a lieu, d'encaisser le canal dans un lit de glaise, de manière à empêcher toute infiltration et même s'il est reconnu que l'on ne peut préserver la mine de l'inondation, l'autorisation pourra être refusée.

SECTION IV.

Obligations des concessionnaires vis-à-vis des ouvriers.

Nous avons vu précédemment les obligations que le gouvernement impose aux exploitants de mines pour la sécurité des ouvriers qu'ils emploient et les soins à leur accorder en cas d'accidents. Mais le devoir du concessionnaire dépasse la limite de la loi et s'il ne l'accepte pas au nom de l'humanité, au nom de l'intérêt social, il devra s'y soumettre au point de vue égoïste de son intérêt. C'est pourquoi, bien que la loi ne sanctionne pas ces obligations d'un ordre plus élevé nous croyons devoir y consacrer une section spéciale dans laquelle nous nous proposons de présenter quelques considérations sur les devoirs que l'humanité, l'intérêt social et l'intérêt de l'exploitation imposent aux concessionnaires.

Le théâtre d'une exploitation houillère est vaste ; ce ne sont point des centaines, ce sont des milliers d'existences qui dépendent d'une compagnie charbonnière ; une exploitation forme en quelque sorte un monde isolé où la vie, le travail, les habitudes de l'ouvrier sont empreints d'un caractère particulier. Son travail s'opérant dans les profondeurs de la terre, il n'a point à compter avec le lever ni le coucher du soleil ; sa lampe, son seul soleil, s'allume à toute heure ; cette différence de travail amène une différence d'existence, et en quittant la mine, il semble que l'ouvrier mineur doive racheter au jour le temps qu'il passe au milieu des ténèbres et du silence. Il y a là une situation, des habitudes de travail, des goûts de divertissements dont il doit être tenu compte ; il faut qu'une compagnie houillère s'attache ses travailleurs, ses mineurs, l'humanité l'exige aussi bien que son intérêt ; ces hommes s'astreignent à un travail dur, pénible, exceptionnel ; privés de la lumière du jour, ils doivent en remontant trouver une compensation à tant de privations, à de si rudes labeurs. Il faut, si elle comprend ses devoirs d'humanité et son intérêt, qu'une société houillère ait un autre but que la spéculation, qu'elle soit autre chose qu'une entreprise, il faut qu'organisant ce monde qui se développe isolément dans sa sphère, la responsabilité pour elle ne soit pas un vain mot ; il faut, quelque lourde que puisse être la tâche, qu'elle soit prise au sérieux. C'est d'ailleurs ce qu'ont très-bien compris les exploitants de nos contrées qui tous à l'envi recherchent les moyens de contribuer à l'amélioration du bien être matériel et à la moralisation de la population ouvrière des mines. Toutes les compagnies houillères, principalement celles du Nord et du Pas-de-Calais, non-seulement s'imposent des sacrifices considérables, mais recherchent les moyens d'employer efficacement ces sacrifices.

Dans un édit rendu en 1604, voici comment Henri IV formulait les devoirs qui incombaient aux concessionnaires de mines envers les ouvriers :

« Etant lesdites mines, bien souvent ouvertes en » lieux qui sont éloignés des paroisses et villages, tellement que les ouvriers qui y travaillent n'ont aucun » exercice de leur religion, et s'ils tombent ou leur arrive quelque accident esdites mines, par ravage d'eau, » impétuosité de vent ou autres inconvénients, esquels » ceux qui y travaillent sont sujets ne peuvent être » secourus, les sacrements leur être administrés, ni » pourvu à la sépulture des morts, faute de prêtres et » de moyens pour les faire assister en telles nécessités, Sa Majesté veut et ordonne pareillement qu'en » chaque mine qui sera ouverte en ce royaume de » quelque qualité et nature qu'elle soit, un trentième » soit pris sur la masse entière de tout ce qui en proviendra de bon et de net pour être mis ès-mains » du trésorier et receveur général d'icelles mines qui

» en fera un chapitre de recettes à part, et seront les » deniers employés pour l'entretènement d'un ou » deux prêtres, selon qu'il en sera besoin, tant pour » dire la messe à l'heure qui sera réglée tous les » dimanches et jours de fête sur semaine, administrer » les sacrements, que pour l'entretènement d'un chi- » rurgien et achats de médicaments, afin que les pau- » vres blessés soient secourus gratuitement, et par cet » exemple de charité, les autres plus encouragés au » travail desdites mines, de laquelle dépense l'état sera » fait et arrêté par ledit Grand-Maître et super-inten- » dant desdites mines et minières, ou son lieutenant » général en son absence, tout ainsi que des autres » dépenses, selon l'ordre contenu audit édit du mois » de Juin 1601. »

Ces paroles empreintes de la bonté du roi Henri IV, démontrent que depuis longtemps, le pouvoir s'est préoccupé de porter remède aux misères de toute espèce qui affligent le peuple mineur. Les dispositions de cet édit ne sont plus en vigueur de nos jours, mais nous avons vu qu'elles avaient été remplacées par le décret du 3 Janvier 1813 qui met à la charge des exploitants de mines de fournir gratuitement les secours et les médicaments aux ouvriers blessés, et de tenir un médecin attaché à ces établissements.

Là se borne l'intervention de l'Etat; mais en présence des graves questions sociales soulevées de toutes parts, pour apaiser l'antagonisme que les partis entretiennent entre le travail et le capital, et s'inspirant de cette loi supérieure en vertu de laquelle tout homme cherche à s'élever, les compagnies doivent comprendre et plusieurs ont compris, surtout dans nos contrées, l'importance de la tâche qui leur incombe ; il faut que la condition extérieure du travailleur s'améliore, mais il faut surtout que ce progrès extérieur contribue au progrès de le vie morale, au progrès de la vie intérieure, il faut qu'elles contribuent à l'élévation des classes ouvrières, et certes par ce langage, loin de nous la pensée de réclamer pour l'ouvrier, l'affranchissement du travail : nous n'entendons pas exciter l'ouvrier à la lutte pour parvenir à un autre rang ; ce n'est point le pouvoir politique que nous voulons faire luire à ses yeux, l'élévation que nous réclamons pour lui, c'est l'élévation de l'âme, la seule vraie pour l'ouvrier comme pour le reste des hommes. Il n'y a point différentes espèces de dignités pour les différentes classes de la société ; il n'y en a qu'une, elle est la même pour tous : La seule élévation consiste dans l'exercice, le développement des plus nobles principes et des plus hautes facultés de l'âme. Un homme peut être poussé par les événements à une place éminente, mais il ne s'élève qu'autant qu'il exerce et développe ses facultés les plus précieuses et que par un libre effort, il monte à une plus noble région de pensée et d'action.

Telle est l'élévation que nous désirons pour l'ouvrier, et nous n'en voulons pas d'autre ; cette élévation trouve un secours dans l'amélioration de la condition extérieure du travailleur, et elle l'améliore à son tour : grâce à cette alliance, le bien être est chose bonne et réelle : mais supposons le séparé de la vie morale et du progrès intérieur il n'a plus de valeur et pour parler comme un philosophe américain qui s'est occupé de ces questions, je ne lèverais pas le doigt pour l'accroître.

Une enquête provoquée par les soins de la société de l'industrie minérale, dans le cours de l'année 1872, montrent combien ces questions préoccupent justement les compagnies houillères et nous font connaître en même temps, les moyens pratiques que les progrès de la science et des idées font naître chaque jour.

Le premier soin pour une compagnie, celui qui la préoccupe le plus généralement est d'assurer à l'ouvrier un logement convenable; comme l'a dit avec raison le rapporteur de la société industrielle de Mulhouse, M. Lévy, « la commodité, la propreté d'un logement » influent plus qu'on ne le supposerait peut-être, sur » la moralité et le bien être d'une famille. Celui qui ne » retrouve en rentrant chez lui qu'un misérable taudis » sale, en désordre, où il ne respire qu'un air nau- » séabond et malsain, ne saurait s'y plaire et le fuit » pour passer au cabaret une grande partie du temps » dont il dispose. Aussi son intérieur lui devient presque » étranger, et il contracte bientôt de funestes habitudes » de dépenses, dont les siens ne se ressentent que » trop, et qui aboutissent presque toujours à la misère. »

C'est ce qu'ont très-bien compris les compagnies de mines, surtout celles de nos contrées qui s'imposent souvent de réels sacrifices pour ménager à l'ouvrier un logement aéré, propre, confortable et même élégant avec un jardin qui peut lui procurer les légumes dont il a besoin et les fleurs qui peuvent orner son séjour. Des essais divers ont été faits; parfois les maisons sont réunies en groupes appelés *corons* comprenant 10, 15 habitations qui ont des dépendances communes, rue d'accès, fil d'eau, puits, fournils, etc. Ces réunions de maisons ont le désagrément de rappeler la caserne de rapprocher trop intimement ces familles qui ont ainsi trop souvent l'occasion de se donner le spectacle d'habitudes et de scènes d'intérieur qu'il serait préférable de renfermer dans un cercle plus étroit.

A ce point de vue, les essais qui ont été tentés à Mulhouse paraissent plus heureux : les maisons divisées par groupes de quatre forment un carré isolé au milieu du terrain servant de jardin à chacun des quatre logements. Dans ces conditions, l'ouvrier se trouve chez lui, il apporte plus de goût à l'entretien de la propriété et de l'élégance de sa demeure qui n'est point ainsi exposée à se trouver déparée et dégradée par la négligence ou la malveillance de nombreux voisins.

Ces maisons construites des deniers de la compagnie, doivent être et sont en effet louées par elle aux ouvriers aux conditions les plus avantageuses et sans aucun but de spéculation.

Mais il est une mesure, peu répandue encore, et dont l'introduction a pour résultat salutaire d'amener forcément l'ouvrier à l'esprit d'ordre et d'économie et de l'attacher par le lien de l'intérêt à l'exploitation même, c'est la facilité pour le mineur d'acquérir de la compagnie au prix coûtant par le prélèvement d'une retenue sur ses salaires, sa maison et son jardin : on a calculé que de cette façon, un ouvrier économe et rangé peut, au bout de sept à huit ans devenir propriétaire d'un logement très-convenable d'une valeur de deux à trois mille francs.

Cette obligation imposée de l'économie et le goût

de la culture que peut lui inspirer le terrain dont il dispose sont évidemment pour le mineur des conditions d'aisance et de bien être qu'il ne peut réaliser, réduit à ses propres forces et sans l'appui et le concours des lumières et de la générosité de la compagnie.

Cette forme de l'épargne qui permet à l'effort personnel de s'exercer est assurément une des meilleures aussi faut-il aider à tout ce qui tend à la développer. Un essai de cette nature qui a pleinement réussi à Anzin et auquel une parole généreuse trop tôt étouffée, hélas ! (1) a souvent prêté son appui, mérite également d'être mentionnée : nous voulons parler de l'établissement des sociétés coopératives.

L'objet que l'on a en vue dans l'établissement de ces magasins coopératifs d'approvisionnements, est d'affranchir l'ouvrier en tant que consommateur des bénéfices que prélèvent les intermédiaires et cela à l'aide d'un fonds de roulement fourni par un certain nombre d'ouvriers associés. Ce fonds se convertit en articles usuels, denrées ou étoffes et se renouvelle par la vente de ces articles. Si la vente se fait au prix coûtant, les frais seuls déduits, les associés profitent de la marge qu'offre toujours le prix du gros sur le prix du détail ; si la vente donne un bénéfice, ce bénéfice net de frais, se partage entre les intéressés. Ici, encore, l'effort personnel est en jeu, les compagnies ne sauraient donc trop développer le goût de ces institutions,

(1) M. Anatole Corne dans une série de conférences populaires, avec un talent et une conviction que nous avons souvent applaudis, développa les avantages et le fonctionnement de ces sortes de sociétés.

à côté desquelles les caisses d'épargne, les sociétés de secours mutuels qui développent le même esprit d'ordre et de prévoyance mériteront une protection aussi sérieuse.

Enfin, à côté de ces institutions qui s'adressent à l'effort personnel et spontané de l'ouvrier il en est une d'un autre ordre que nous trouvons organisée dans la plupart des mines et qui mérite un examen spécial : nous voulons parler des caisses de secours.

L'institution de la caisse de secours repose sur l'obligation morale résultant pour l'homme qui emploie des ouvriers à des travaux dangereux par leur nature, de les entourer d'une sollicitude spéciale et de *les forcer à être prévoyants*. Or, telle est bien la situation des concessionnaires de mines ; la vie du mineur qu'on a pu appeler à bon droit le soldat de l'industrie, n'est qu'un long combat ; séparé le plus souvent de la mort par la longueur seule de son pic, soumis aux coups de feu, aux éboulements, aux inondations, il lutte toute sa vie contre le danger ; il faut à de pareilles éventualités, une compensation, une compensation sérieuse ; il faut qu'en cas d'accident la misère ne vienne pas accabler la victime ou sa famille. Sans doute le plus souvent la société lui viendra en aide de ses propres deniers, mais les secours ne dépendront le plus souvent que de sa bienveillance, de sa libéralité arbitraire, ce sera pour l'ouvrier une aumône, une charité, au lieu de constituer pour lui un droit indiscutable qu'il ne craint pas d'invoquer et qui a pour effet d'élever son caractère et d'assurer son avenir et celui de sa famille.

La plupart des compagnies houillères ont établi ces

caisses de secours alimentées par une retenue obligatoire sur les salaires de tous leurs ouvriers généralement 3 0/0, une allocation par les compagnies de 1 0/0 des mêmes salaires et l'abandon auxdites caisses des amendes infligées. Les caisses de secours fournissent à tous les ouvriers les soins médicaux et les médicaments, des secours en argent et en rations alimentaires, lorsqu'ils sont blessés ou malades, des pensions aux veuves des ouvriers morts par suite d'accident, des secours temporaires à leurs enfants, des pensions de retraite aux vieux ouvriers, à leurs veuves et à leurs enfants; des secours extraordinaires aux familles malheureuses. Elles acquittent les frais des funérailles et interviennent dans l'instruction des enfants pour le traitement des maîtres et les rétributions scolaires.

En contribuant aux charges de la caisse de secours les exploitants ne font pas un acte de pure libéralité, car il est de droit naturel que celui qui profite d'un travail dangereux contribue pour sa part à porter remède aux malheurs qui menacent l'ouvrier qui s'y livre; cette contribution des exploitants est donc une de ces mesures dont la justice ne peut être contestée, c'est du reste un secours d'une opportunité pratique incontestable; en voyant le propriétaire de la mine se soumettre à une retenue sur ses bénéfices, l'ouvrier se prêtera plus volontiers à une retenue sur son salaire. Cette contribution d'ailleurs ne constitue pas une charge entièrement nouvelle pour l'exploitant, puisqu'il se trouve ainsi dégrevé des dépenses qu'exigent les secours à donner aux blessés et de l'entretien d'un chirurgien attaché à l'établissement conformément au décret de 1813.

Irons-nous jusqu'à dire que les indemnités fournies par la caisse de secours aux ouvriers devenus incapables par suite d'accident ou à leur famille, déchargent la compagnie de l'obligation de réparer le dommage causé? C'est ce qu'a pensé le tribunal de Douai dans l'affaire de la veuve Quicampoix contre la compagnie des mines d'Aniche. Mais c'est là, selon la cour de Douai réformant le jugement du tribunal et selon la cour de cassation confirmant l'arrêt de la cour, une solution inacceptable et dépassant le but proposé. La caisse de secours a pour but et pour effet de faire faire à l'ouvrier des économies forcées pour les jours de malheurs, mais elle ne doit ni ne peut dégager les compagnies de la responsabilité qui leur incombe par suite de leur imprudence ou de leur simple négligence. Quant aux amendes toujours impopulaires parmi les ouvriers, elles ont pour effet de déverser leur impopularité sur l'institution même; aussi nous paraissent-elles devoir être supprimées comme moyen d'alimenter la caisse de secours. Si un ouvrier par sa négligence ou son incurie cause un préjudice matériel au concessionnaire, qu'il lui soit fait une retenue sur son salaire c'est juste; si cette incurie et cette imprudence sont incorrigibles, que l'ouvrier averti soit exclu de la mine momentanément ou même tout à fait, s'il persiste : ce système nous paraît plus efficace que celui des amendes.

Enfin le conseil d'administration de la caisse doit être formé dans des conditions telles que les ouvriers ne puissent émettre aucun doute sur l'emploi des fonds dont elle dispose : qu'ils soient pour cela, efficacement représentés dans le conseil par des hommes qui auront toute leur confiance et suffisamment éclairés pour exercer une surveillance utile, car les dernières grèves ont prouvé que semblables à la femme de César, les conseils d'administration des caisses de secours ne doivent pas être soupçonnés.

De l'instruction de l'ouvrier.

Mais il est une préoccupation plus élevée, également digne de tout intérêt, et dont nous avons maintenant à nous occuper: l'instruction de l'ouvrier. Dans l'enquête provoquée par la société de l'industrie minérale, cette partie du questionnaire n'occupe pas la moindre place.

Un préjugé trop répandu, c'est que l'on ne doit pas pousser le peuple à étudier, à développer son esprit; que la pensée et le travail manuel ne sont pas de nature à marcher de front. La division du travail, dit-on, est une grande loi de la nature: un homme sert la société avec sa tête, un autre avec ses bras. Que chaque classe reste fidèle à sa besogne.

Une telle doctrine nous semble inadmissible. Qui donc nous montrera le brevet, que Dieu lui a donné de penser pour ses frères? L'intelligence est un don aussi universel que les organes de la vue et de la respiration. L'esprit est plus essentiel à la nature humaine, et plus résistant que les membres: aussi penser, est le droit et le devoir de tous. Si quelques-uns sont mieux doués que les autres, et destinés de préférence à une vie d'études, il ne peut s'en suivre que leur œuvre soit de penser pour autrui, elle est au contraire d'aider les autres à penser avec plus de vigueur et d'effet.

Ceux qui ont charge d'âmes peuvent user de leur supériorité non pour plier le peuple à un vasselage intellectuel, mais pour le réveiller de sa léthargie, et lui apprendre à juger par lui-même. Un des premiers devoirs des concessionnaires est donc de donner à l'ouvrier une instruction qui soit à sa portée. Au milieu des inutiles volumes que la presse produit chaque jour, sans autre but que d'amuser, on trouve sur chaque sujet des livres excellents, publiés au profit de la masse des lecteurs; que ces ouvrages soient mis à la disposition des ouvriers, qu'ils y apprennent les progrès des arts utiles, qu'ils y apprennent aussi le nom des hommes auxquels le monde doit de la reconnaissance pour de grandes découvertes: chaque métier a de beaux noms dans son histoire. Etudier la vie de ces hommes, leurs travaux, leurs souffrances ou leurs joies, n'est-ce point un moyen d'instruire, et en même temps d'élever l'esprit de ceux qui voudront s'immiscer à leurs travaux. Mais pour que l'ouvrier prenne goût à la lecture, pour qu'elle lui offre quelque attrait, il faut qu'il y ait été disposé précédemment et pour que l'œuvre soit sérieuse et efficace, il faut commencer par faire l'éducation, surtout l'éducation de la jeunesse, et si jusqu'à ce jour, on a déjà fait beaucoup pour elle, on fera plus encore lorsqu'on se sera convaincu que cette éducation n'est vraiment utile, vraiment efficace, que si elle vient d'un maître habile. Envoyer les enfants à l'école et encourager les bons maîtres, est le plus saint des devoirs qu'une société ait à remplir envers elle-même et envers ses ouvriers.

Ainsi donc, des livres et de bons maîtres et les compagnies auront accompli le plus sacré de leurs devoirs; elles auront dans la sphère de leur pouvoir contribué au triomphe du droit, et à l'abaissement de la force brutale sur la terre.

Nous terminerons cette section en signalant quelques obligations positives imposées par les réglements aux concessionnaires envers les ouvriers. Conformément au décret du 3 Janvier 1813, tous les ouvriers employés dans les mines à quelque titre que ce soit, à l'extérieur ou à l'intérieur doivent être munis de livrets. C'est là un devoir sérieux pour les concessionnaires, qui sont les plus intéressés à se montrer sévères à cet égard. Outre le livret et l'inscription à la mairie, le concessionnaire est astreint à tenir un registre officiel du contrôle journalier des ouvriers, que l'ingénieur des mines et le maire de la commune, peuvent vérifier comme ils le jugent convenable.

L'article 29 du décret précité interdit l'emploi d'enfants trop jeunes aux travaux de mines; ces travaux altèrent prématurément leur santé et les expose à des dangers particuliers à l'imprévoyance de leur âge. Une mesure adoptée récemment par la compagnie d'Anzin, et que l'on ne saurait trop louer, consiste à n'admettre dans les travaux du fonds que les enfants sachant lire et écrire. Notre article 29 interdit également l'entrée de la mine au mineur ivre ou en état de maladie.

Enfin le choix des maîtres mineurs présentant une grande importance au point de vue de la solidité des travaux et de la sûreté des ouvriers, le décret de police souterraine du 3 Janvier 1813, devait à cet égard donner quelques prescriptions, desquelles il résulte que nul ne pourra être employé en qualité de maître mineur, ou chef particulier des travaux des mines et minières, sous quelque dénomination que ce soit, s'il n'a travaillé comme mineur, charpentier, boiseur ou mécanicien depuis au moins trois années.

Après avoir indiqué les devoirs qui obligent les concessionnaires envers leurs ouvriers, nous aurons terminé cette étude en mettant en regard quelques observations sur les devoirs des ouvriers eux-mêmes.

Il faut en effet, qu'au milieu de ces exploitations souterraines où la moindre imprudence, l'incurie, le mauvais vouloir d'un individu peuvent amener les conséquences les plus désastreuses, il faut que l'insubordination soit écartée et prévenue. C'est dans ce sens qu'a été conçu l'article 30 du décret précité aux termes duquel tout ouvrier qui par insubordination ou désobéissance envers le chef des travaux, contre l'ordre établi, aura compromis la sûreté des personnes ou des choses, sera poursuivi et puni selon la gravité des circonstances conformément à la disposition de l'article 22 du présent décret. Il résulte des dispositions de cet article 22 que l'homicide involontaire est puni d'un emprisonnement de trois mois à deux ans et d'une amende de 50 à 600 francs et que les blessures même involontaires, par maladresse, imprudence, inattention, négligence ou inobservation des réglements sont punies de six jours à deux mois de prison et de 16 à 100 francs d'amende.

CHAPITRE IV.

DES CONCESSIONS ANTÉRIEURES A LA LOI DE 1810.

Parmi les exploitants antérieurs à la loi du 21 avril 1810, les uns étaient munis d'un titre régulier et avaient fait délimiter leurs concessions conformément à ce qui était prescrit par la loi du 28 juillet 1791; d'autres, quoique munis d'un titre régulier n'avaient pas fait délimiter leurs concessions, d'autres enfin n'avaient pas de titres et exploitaient soit sur leurs propres terrains, soit sur les terrains des tiers avec l'assentiment de ces derniers. La loi du 21 avril 1810 réglemente dans les termes suivants ces anciennes concessions et exploitations:

ARTICLE 51.

« Les concessionnaires antérieurs à la présente loi, » deviendront, au jour de sa publication, propriétaires » incommutables, sans aucune formalité préalable » d'affiches, vérification de terrain ou autres prélimi- » naires, à la charge seulement d'exécuter, s'il y en a, » les conventions faites avec les propriétaires de la » surface, et sans que ceux-ci puissent se prévaloir » des articles 6 et 42. »

ARTICLE 52.

« Les anciens concessionnaires seront en consé- » quence, soumis au payement des contributions, » comme il est dit à la section 2 du titre IV, art. 33 et » 34 à compter de l'année 1811. »

ARTICLE 53.

« Quant aux exploitants des mines qui n'ont pas
» exécuté la loi de 1791 et qui n'ont pas fait fixer
» conformément à cette loi, des limites de leurs con-
» cessions, ils obtiendront les concessions de leurs
» exploitations actuelles, conformément à la présente
» loi; à l'effet de quoi, les limites de leurs concessions
» seront fixées sur leurs demandes ou à la diligence
» des préfets, à la charge seulement d'exécuter les
» conventions faites avec les propriétaires de la surface
» et sans que ceux-ci puissent se prévaloir des art. 6 et
» 42 de la présente loi. »

ARTICLE 54.

« Ils paieront en conséquence les redevances comme
» il est dit à l'article 52. »

ARTICLE 55.

» En cas d'usages locaux ou d'anciennes lois qui
» donneraient lieu à la décision de cas extraordinaires,
» les cas qui se présenteront seront décidés par les
» actes de concession ou par les jugements de nos
» cours et tribunaux, selon les droits résultant pour les
» parties, des usages établis, des prescriptions légale-
» ment acquises ou des conventions réciproques. »

ARTICLE 56.

« Les difficultés qui s'élèveraient entre l'administra-
» tion et les exploitants, relativement à la limitation
» des mines, seront décidées par l'acte de concession.

« A l'égard des contestations qui auraient lieu entre » des exploitants voisins, elles seront jugées par les tri- » bunaux et cours. »

Le législateur paraît avoir perdu de vue le principe qui l'avait inspiré dans la rédaction de la loi par ces dispositions qui consacrent un privilége réellement exorbitant en faveur des anciens concessionnaires.

Devenu propriétaire incommutable de la mine, l'ancien concessionnaire se trouve dégrevé de toute indemnité à l'égard du propriétaire de la surface. Sous l'empire de la loi de 1791 les exploitants de mines n'avaient qu'une simple jouissance révocable et d'une durée limitée: la loi de 1810 en séparant le dessus du dessous, leur accorde une propriété incommutable, ayant un droit de servitude perpétuelle sur la surface et tous ces avantages lui sont accordés par la loi sans compensation aucune pour le propriétaire de la surface, et c'est le même législateur qui s'écriait lors de la discussion de la loi:

« Si le propriétaire du dessus ne l'est pas du dessous » il ne lui est absolument rien dû: que s'il l'est, il » faut lui donner une part plus sérieuse dans les bé- » néfices et la fixer par l'acte de concession. »

Sans doute, on s'explique difficilement les dispositions de l'article 51 après la consécration si formelle des principes sur lesquels la loi de 1810 a été établie. Mais est-ce à dire que les conséquences qu'en tirent les adversaires de notre système soient exactes; est-ce à dire qu'il faille étendre à tous les concessionnaires l'exonération accordée aux anciens et conclure que s'il n'y a pas d'indemnité, il n'y a pas de dommage et par suite pas de droit enlevé au propriétaire du sol, pas d'expropriation au profit du concessionnaire. Là est l'erreur, la fausse interprétation, selon nous : la loi a voulu qu'une indemnité fut accordée au propriétaire de la surface par les concessionnaires postérieurs à la loi, elle l'a formellement déclaré : cette indemnité devra être sérieuse et elle est tellement sérieuse que voulant en exonérer les concessionnaires antérieurs elle croit devoir le faire par une disposition formelle et spéciale. Par cette disposition, elle accorde un privilège considérable aux concessionnaires antérieurs : mais loin d'y voir la négation des principes que nous avons posés, nous y trouvons leur consécration formelle et explicite, en vertu de cette règle générale que l'exception confirme la règle.

FIN.

POSITIONS

DROIT ROMAIN.

I. — La filiafamilias est en droit classique romain capable de s'obliger par contrat.

II. — La clause pénale est un contrat accessoire.

III. — Une servitude prédiale est rurale ou urbaine, suivant la nature du fonds dominant.

IV. — La loi 24 princ. *de pigneratitiâ actione* au Digeste ne peut être conciliée avec la loi 45 *de solutionibus.*

V. — Pour qu'il y ait justes noces en droit romain, il faut, outre le consentement des parties, que la cohabitation physique soit actuellement possible, ou si elle ne l'est pas, que la femme soit mise à la disposition du mari.

VI, — Sous Justinien, l'adjonction des arrhes au contrat de vente, permet à chacune des deux parties de se dédire en perdant la valeur des arrhes jusqu'à l'exécution du contrat.

DROIT CIVIL.

I. — Le vendeur d'objets mobiliers non payés et devenus immeubles par incorporation, perd son privilége sur ces objets incorporés dans le cas où ils sont devenus immeubles par destination, son privilége ne subsiste qu'à l'égard des créanciers chirographaires.

II. — Les sociétés de mines sont des sociétés civiles ; mais elles sont des personnes morales.

III. — La perte causée à un cohéritier par l'éviction doit être calculée d'après la valeur qu'avaient à l'époque de l'éviction la chose dont le cohéritier a été évincé.

IV. — Le droit de retour de l'ascendant donateur ne pourra s'exercer sur les biens acquis par le donataire en échange des choses données.

V. — La subrogation est une opération *sui generis*, distincte du transport-cession organisée par les articles 1689 et suivants.

VI. — L'ascendant n'est jamais tenu de se conformer à la règle des articles 826 et 832 du Code civil, ni dans le partage entre vifs ni dans le partage testamentaire.

VII. — Le notaire rédacteur de contre-lettres ou d'actes modificatifs d'un contrat de mariage, avant la célébration du mariage, n'est pas tenu de renouveler à propos des actes modificatifs, les lecture, mention ou certificat prescrits par la loi du 11 Juillet 1850, art. 1394.

PROCÉDURE CIVILE.

I. — Il n'y a pas identité entre une cause sommaire et une cause qui doit être jugée sommairement.

DROIT COMMERCIAL.

I. — Quelque soit le régime matrimonial, les tribunaux ne peuvent autoriser la femme à faire le commerce: le consentement du mari est absolument nécessaire.

II. — Lorsque le commissionnaire a expédié la marchandise à son commettant et que ce dernier est en faillite, le commissionnaire est subrogé au vendeur dont il peut exercer les droits.

III. — Les liquidateurs d'une société dépassent leur mandat en continuant la fabrication, s'ils n'ont été chargés que de la liquidation; ils sont solidairement responsables du salaire des ouvriers.

IV. — Dans les marchés liés par correspondance c'est au lieu où le marché a été accepté et non où il a été proposé que la promesse doit être faite.

DROIT ADMINISTRATIF.

I. — Après la suppression ou le déclassement d'une voie publique, et nonobstant l'aliénation des terrains qui en font partie, les riverains ont le droit de conserver les facultés de vue, de sortie ou autres dont ils avaient auparavant la jouissance.

DROIT DES GENS.

I. — Le charbon, à l'exception de celui qui sert directement aux vapeurs de guerre ne doit pas être considéré comme contrebande de guerre.

II. — Les tribunaux français sont compétents pour connaître d'un délit commis en France par un étranger au préjudice d'un français, même dans le cas où cet étranger prétend n'être en France que comme marchand ou cantinier à la suite d'une armée étrangère, alors d'ailleurs que c'est par la police judiciaire française que le délit a été constaté.

III. — La condamnation prononcée en pays étranger à raison d'un crime ou d'un délit commis en France contre un français, fait obstacle à ce que cet étranger revenu en France, y soit aussi poursuivi pour le même fait.

DROIT PÉNAL.

I. — Il n'existe aujourd'hui, aucune disposition légale réglant l'effet du renvoi sous la surveillance de la haute police.

II. — L'individu poursuivi après une première condamnation pour crime ou délit antérieur à cet première condamnation, ne tombe sous le coup de la loi qu'autant que le fait motivant la nouvelle poursuite, est de nature à entraîner une peine plus forte que celui qui a servi de base à la première condamnation.

Vu par le président de la thèse.
TALON.

Vu par le doyen de la faculté,
BLONDEL.

Vu et permis d'imprimer le 8 janvier 1873,
Le recteur,
FLEURY.

250. — Douai. Impr. de Mme Ve CERET-CARPENTIER, rue Lambrecht, 5

www.ingramcontent.com/pod-product-compliance
Ingram Content Group UK Ltd.
Pitfield, Milton Keynes, MK11 3LW, UK
UKHW020134220726
13923UKWH00001B/159